Frank Andreas Peters

Abenteuer Denken

AF571662

Frank Andreas Peters

Abenteuer Denken

Erfahrungen im Philosophieren mit Kindern und Jugendlichen

Fromm Verlag

Impressum / Imprint

Bibliografische Information der Deutschen Nationalbibliothek: Die Deutsche Nationalbibliothek verzeichnet diese Publikation in der Deutschen Nationalbibliografie; detaillierte bibliografische Daten sind im Internet über http://dnb.d-nb.de abrufbar.

Alle in diesem Buch genannten Marken und Produktnamen unterliegen warenzeichen-, marken- oder patentrechtlichem Schutz bzw. sind Warenzeichen oder eingetragene Warenzeichen der jeweiligen Inhaber. Die Wiedergabe von Marken, Produktnamen, Gebrauchsnamen, Handelsnamen, Warenbezeichnungen u.s.w. in diesem Werk berechtigt auch ohne besondere Kennzeichnung nicht zu der Annahme, dass solche Namen im Sinne der Warenzeichen- und Markenschutzgesetzgebung als frei zu betrachten wären und daher von jedermann benutzt werden dürften.

Bibliographic information published by the Deutsche Nationalbibliothek: The Deutsche Nationalbibliothek lists this publication in the Deutsche Nationalbibliografie; detailed bibliographic data are available in the Internet at http://dnb.d-nb.de.

Any brand names and product names mentioned in this book are subject to trademark, brand or patent protection and are trademarks or registered trademarks of their respective holders. The use of brand names, product names, common names, trade names, product descriptions etc. even without a particular marking in this work is in no way to be construed to mean that such names may be regarded as unrestricted in respect of trademark and brand protection legislation and could thus be used by anyone.

Verlag / Publisher:
Fromm Verlag
ist ein Imprint der / is a trademark of
OmniScriptum GmbH & Co. KG
Heinrich-Böcking-Str. 6-8, 66121 Saarbrücken, Deutschland / Germany
Email: info@frommverlag.de

Herstellung: siehe letzte Seite /
Printed at: see last page
ISBN: 978-3-8416-0554-2

Copyright © 2014 OmniScriptum GmbH & Co. KG
Alle Rechte vorbehalten. / All rights reserved. Saarbrücken 2014

Inhalt

Vorwort

Was als Erfahrungsbericht über das Philosophieren mit Kindern und Jugendlichen geplant war, der in ein Hand-Out für meine Studenten einfließen sollte, entwickelte sich unter der Hand zu einem philosophischen Pasticcio. Diese Veränderung der ursprünglichen Absicht hat zwei Gründe und nicht zuletzt den, dem Thema durch verschiedenartige Etüden philosophischen Denkens angemessenen Ausdruck zu geben. Die bloße Protokollierung der Gespräche, die ich mit Kindern und Jugendlichen führen durfte, hätte einer Unmenge intermittierender Erläuterungen bedurft, um den Horizont philosophischen Fragens auf idealtypische Weise sichtbar werden zu lassen. Genau solche Erläuterungen aber schienen mir notwendig, um dem Leser, der sich ernsthaft mit diesem Thema beschäftigen will, Hintergründe und Zusammenhänge verständlich zu machen. Dem Ziel, eine kohärente Darstellung vorzulegen, ist mithin geschuldet, dass jedem der drei Kapitel, die den Verlauf und Aufbau der von mir geleiteten Projekte beschreiben, eigens jeweils eine Einführung vorangestellt ist, um die Ausgangssituation zu umreißen und die Fragestellung philosophisch zu konturieren. Daher können ihrem Anspruch nach die Beschreibungen meiner Erfahrungen im Philosophieren mit Kindern und Jugendlichen keine Blaupausen zu Unterrichtseinheiten liefern, weder das Kapitel „Die Entstehung der Welt", dessen kosmologischer Ausgriff anhand der Briefe eines fingierten philosophischen Gewährsmannes, des Zwerges Zimperlibim auf ein Gruppe von acht- bis neunjährigen Kindern zugeschnitten war, noch das Kapitel „Das Spiel der Logik", das 13- und 14jährigen mithilfe des gleichnamigen Werkes von Lewis Carroll sprachphilosophische und logische Überlegungen nahe brachte, und schließlich ebenso wenig das dritte Kapitel, das die schon recht anspruchsvollen Diskussionen mit 15- bzw. 16jahrigen über Walter Benjamins Vortrag zur Hexenverfolgung zusammenfasst. Die Darstellung musste vielmehr Gesprächsverläufe soweit kondensieren, dass deren philosophische Bedeutsamkeit klar und deutlich wird, ohne jedoch ihren Ursprung zu verleugnen, indem Reaktionen, Schwierigkeiten aber auch Anregungen der Teilnehmer gänzlich ausgeklammert worden wären.

Der zweite Grund, dass aus bescheidenem Anfang ein Opusculum erwuchs, liegt schlicht und einfach in der Aufarbeitung des Themas selbst. Die etlichen Seminare, die ich über das Philosophieren mit Kindern und Jugendlichen an der Universität Lüneburg abhalten konnte, zeigten nämlich, dass weder die Didaktik noch die Methodik des Philosophieunterrichts, wozu es inzwischen ein fast überreiches Angebot gibt, das Problem sind, sondern eher die in solchen Angeboten wie selbstverständlich zugrunde gelegten Erwartungen an Philosophie, die sich auf eine ungedeckte Sinn- oder gar Wertevermittlung richten. Sicherlich kann in Maximen, Werten, Sätzen, ja sogar Lehrsätzen philosophischer Gehalt gefunden werden, ihren Charakter allerdings bestätigt Philosophieren durch ein Tun, das seine Vorgehensweise beobachtet, die eigenen Voraussetzungen untersucht und in vorsichtiger Reserve den Stand der Überlegungen darbietet. Unter diesem Gesichtspunkt besteht das Manko des Philosophierens mit Kindern und Jugendlichen in dem Versäumnis, bisher sich selbst nicht philosophisch ausgewiesen zu haben. Genau die Kritik dieses Zustandes beschäftigt das erste Kapitel unter dem Titel „Vom Nutzen und Sinn des Philosophierens“. Dessen Haupteinwand wendet sich gegen die Verkürzung des Philosophiebegriffs zur Kulturtechnik, die mithilfe ihrer wenig geglückten lebensweltlichen Deutung philosophische Reflexion und Philosophiedidaktik verschmelzen soll. Mein kritischer Einspruch versucht anhand der einschlägigen Literatur darzulegen, dass die Beseitigung des Unterschiedes zwischen Poiesis und Praxis in einer selbst-referentiellen Kulturtechnologie nicht nur den umfassenderen klassischen Vernunftbegriff ausblendet, sondern infolgedessen auch die insistente Bildungsforderung der Philosophie nach einer Individuation der Vernunft durch gerechtfertigtes Handeln unterläuft. Dagegen beschränkt sich mein Programm eines Philosophierens mit Kindern und Jugendlichen auf das propädeutische Angebot, die Möglichkeit einer zwar ergebnisoffenen, aber argumentativ gebundenen Selbsterfahrung im Denken zu überliefern und offen zu halten.

Tatsächlich dürfte der fast schon usurpatorische Gebrauch des Wortes „Philosophie“ unerfreuliche Folgen nach sich ziehen, die wenigstens angesprochen werden sollten. Wenige Disziplinen expandierten in den letzten Jahrzehnten so stark wie die Erziehungswissenschaft, wobei ihre Expansion mit einer Segmentierung in immer enger umgrenzte Untersuchungsbereiche einherging. Gefördert wurde diese Spezialisierungen einerseits durch ein technisch verkürztes Wissenschaftsverständnis, dessen Ziel nur mehr in der zumindest dem Anspruch nach empirisch überprüfbaren Optimierung pädagogischen Handelns liegt, und andererseits durch den wissenschaftspolitischen Druck ungefilterter Relevanzkontrolle. Beides immunisierte gegen philosophische Problemstellungen. Woher aber kommt dann diese merkwürdige Renaissance der Philosophie in pädagogischer Domäne? Mir scheint hier eine Gemengelage von einander entsprechenden Binnen- und Außenmotiven zu bestehen, die dahin tendieren, der Philosophie nur insofern Asyl zu gewähren, als sie ihre Tauglichkeit zur Legitimationserwirtschaftung für pädagogisierende Bewältigungsversuche jugendpolitischer Zielkonflikte beweist. Die Vermutung eines Ideologisierungsschubes mag sich aufdrängen angesichts einer Beflissenheit, die zur Rechtfertigung ihres Unterfangens genehme Philosopheme aufliest, um sie approbierten Zwecken anzudienen. Indessen bleibt solche Instrumentalisierung der Philosophie sich selbst undurchsichtig, da sie das Begründen ihrer Anwendung ausblendet. Intellektueller Gewohnheit entstammende Anstrengungen zu Begründungsversuchen verschwimmen dann im Ungefähren. Das Philosophieren mit Kindern und Jugendlichen scheint somit eher Ausdruck denn Lösung der Krise eines Bildungsbegriffs zu sein, dem über dem Bestreben, sich den Anforderungen des bloß Faktischen anzupassen, der Sinn abhanden gekommen ist. Ein sinnvoller Begriff von Bildung, auch wenn er nur die scheinbar triviale Möglichkeit bloßer Wissensvermittlung einschlösse, ist allerdings kaum zu haben ohne eine Erörterung der Frage, was den Menschen als Menschen auszeichnet, welche Frage aufgrund der genannten Umstände jedoch Gefahr läuft, durch Vergessen entsorgt zu werden.

So bieten die folgenden Seiten ebenfalls keine didaktische Einführung in die Philosophie, die des Lesers Geduld und Bereitwilligkeit das stillschweigende Einverständnis mit den Annahmen des Autors abverlangt. Mein Ehrgeiz greift höher, da dieses kleine Werk zum Philosophieren anregen möchte. Das Medium aber, in dem Philosophie lebt, ist der Streit.[1] Paradoxerweise setzt ein Streit im angezeigten Sinne ein gewisses Maß an Gemeinsamkeiten voraus. Daher vollzieht sich der philosophische Streit seit altersher nicht alleine nach Regeln sondern auch in der wiederholenden Diskussion bestimmter Grundworte. Eines der philosophischen Grundworte ist Logos, was mit unterscheidender und damit verantworteter Rede übersetzt werden könnte. Etwas auch nur im alltäglichen Sinne Bestimmtes auszusagen, erfordert Unterscheidungsvermögen. Distinktion ist hier also das Stichwort. Sie sondert das vorher noch Ungeschiedene, schärft die Begriffe und schenkt ihrer argumentativen Verwendung Umriss. Dadurch legt sie zugleich die Grenzen der eigenen Meinungen und Überzeugungen auf zurechnungsfähige Weise fest. Im Streit, der über Denkinhalte entzweit, wird meine Meinung oder Überzeugung verwirklicht als das, was sie war. Sie wird erst zu sich selbst und die Meinung des Anderen zur anderen Meinung, deren Wert als Gedanke ich durch Widerspruch anerkenne. Der Einstellung gemäß, dass Gedanken im Widerspruch erprobt werden, traue ich dem Leser zu, auch leicht formalisierten Argumentationsverläufen zu folgen, Argumentationsfiguren zu bewerten, die Entfaltung von Gedankengängen zu untersuchen. Das Zutrauen gegen den Leser entspringt dem Vertrauen, er könne selber denken. Wenn er zu anderen Ansichten kommt als ich, ist es gut, um so besser allerdings, wenn er seine Ansichten in begründeter Gegenrede zu verteidigen weiß.

---

[1]Et mundum tradidit disputationi eorum; diese Zeile aus dem Buch Ekklesiastes, 3. Kap., Vers 11, in der Übersetzung des hlg. Hieronymus könnte als Motto einem Philosophieren vorangestellt werden, das anstelle einer unterschiedslosen Idealisierung des Bedürfnisses nach Harmonie es vorzieht den Gegner zu idealisieren, der nur, weil er sich der Auseinandersetzung in einem Streitgespräch stellt, nicht unwahrhaftig oder böse oder hässlich zu sein braucht.

Vom Nutzen und Sinn des Philosophierens

Philosophieren mit Kindern und Jugendlichen hat Konjunktur. Eine Vielzahl von Büchern und Aufsätzen zu diesem Themengebiet erscheinen jährlich, die Didaktik der Philosophie hat sich als akademisches Forschungsfeld etabliert, mehrere Bundesländer integrieren den Philosophieunterricht in den Curriculis. Philosophie überhaupt gewinnt Popularität durch die Erwartung, sie könne die Nachfrage nach Sinnstiftungen und Orientierungen in einer als unübersichtlich empfundenen Welt bedienen. Allein der alltagssprachlich dokumentierte Gebrauch des Wortes deutet eine Revolution der öffentlichen Einstellung gegen Philosophie an. Sofern Firmen, die die verlässlichen Grundlagen ihres Geschäftsgebarens anzeigen wollen, von ihrer Unternehmensphilosophie sprechen, sofern ein Fußballtrainer, der das gruppenbildende Ziel seiner pädagogischen Maßnahmen erläutert, von seiner Philosophie redet, hat das Wort schon die Aura eines nutzlosen, von wenigen Eingeweihten im Elfenbeinturm betriebenen Glasperlenspiels verloren, die von Anfang an dem Wortgebrauch anhaftete. Je mehr das Wort von seinen bildungssprachlichen Höhen in den alltäglichen Sprachgebrauch einsickert, desto eher bezeichnet es einen Sammeltitel für verschiedenartige soft skills, deren Nutzen sich in ihrer Funktion für eine komplex arbeitsteilige Gesellschaft erweisen solle. Die Betrachtung dieser Phänomene weist in Richtung soziologischer Erklärungen, warum Philosophie und insbesondere das Philosophieren mit Kindern und Jugendlichen die Schwelle ins öffentliche Bewusstsein haben nehmen können. Keineswegs jedoch wäre dadurch bereits eine Begründung des Philosophierens mit Kindern und Jugendlichen als eine Region ernst zu nehmenden Denkens gelungen, zumal wenn wir bedenken, dass gerade das Philosophieren mit Kindern zwei von einander abhängige Rechtfertigungshürden zu überwinden hat. Zum einen ist es im Gegensatz zum Erlernen der kulturellen Basiskompetenzen wie Lesen, Schreiben und Rechnen namentlich im Fall von Kindern gar nicht ausgemacht, ob sie die kognitiven Fähigkeiten und intellektuellen Fertigkeiten zum Verständnis philosophischer Probleme mitbringen. Zum anderen ergibt sich eben wegen der Unsicherheit über die

Kompetenz möglicher Adressaten der Zwang, die Bedeutung des Philosophierens für Kinder und Jugendliche aufzuweisen.

Am einfachsten scheint es, eine Antwort zu finden auf die Frage, ob Kinder Philosophieren können. Denn unsere Frage zeigt eine starke Ähnlichkeit zu Fragen, deren Klärungsweg uns bekannt ist, wie etwa zum Beispiel, ob Kinder rechnen können. Berechtigterweise verstehen wir deren Fragesinn in der Weise, dass wir nach einer statistischen Antwort suchen. Durch Umformulierung würden wir den unklaren Ausdruck „Rechnenkönnen" beseitigen, indem wir untersuchen, ob eine signifikante Mehrheit von Kindern mithilfe der Grundrechenoperationen, die über ein endliches Alphabet von Ziffern definiert sind, natürliche Zahlen erzeugt. Die Umformulierung macht die Frage einer empirischen Prüfung zugänglich. Dazu müssten repräsentativen Samples von Probanden nach Altersgruppen differenziert jeweils dieselben Aufgaben vorgelegt werden. Der Test müsste nur mehr ausgewertet, die Ergebnisse in metrischen Funktionen dargestellt, Durchschnitte und Standardabweichungen berechnet werden. Danach hätten wir eine statistisch zuverlässige Antwort über Verteilungshäufigkeiten des Rechenerfolges, so dass wir unter Berufung auf Hochrechnungen nach dem Gesetz der großen Zahlen die Frage, ob Kinder rechnen können, nicht nur bejahen oder verneinen sondern auf diese Frage sogar ein prozentuales Leistungsbild der Kinder geben dürften. Der Haken an unserer Analogie besteht darin, ein vergleichbar eindeutiges, auf konstruktiver Nachprüfbarkeit beruhendes Testverfahren für das Philosophieren zu entwerfen. Selbst wenn wir uns einigen könnten, dass Sätze Ausdrucksformen sind, in denen Philosophie sich darstellen lässt, hätte ein Test, der von den Probanden verlangt, sie sollen aus einem eingeführten Vokabularium philosophische Sätze herstellen, kaum irgend eine Aussagekraft hinsichtlich eines philosophischen Vermögens. Denn zu Recht vermissen wir inhaltliche oder sachliche Merkmale, die uns erlauben, Sätze als philosophisch zu klassifizieren. Ohne ein solches Sinnkriterium für philosophische Sätze aber bestände der Verdacht einer bloßen Prüfung der Fähigkeit, grammatisch richtige Sätze zu erzeugen.

Da wohl ausgeschlossen werden darf, das philosophische Vermögen wäre anhand kalkülmäßiger Hantierungen präzise zu überprüfen, scheint die Vermutung erlaubt, dass der Ausdruck „Philosophieren können“ eine sinnvolle inhaltliche Erfüllung fordert. Gleichzeitig werden wir aber nicht die Erwartung aufgeben wollen, auf unsere Frage, ob Kinder philosophieren können, eine verifizierbare Antwort zu erhalten. Daher liegt es nahe, die Psychologie als anerkannte Wissenschaft zu Hilfe zu rufen. Wir nehmen an, Philosophie bestehe in mentalen Vorgängen und das Vermögen, zu philosophieren, liege in psychischen Dispositionen, die sich akut in experimentell abrufbaren und messbaren Zuständen äußern. Unter Berücksichtigung der Ergebnisse der Entwicklungspsychologie könnten dann Experimente geplant werden, die gestatten, Rückschlüsse zu ziehen, ob oder in welchem Grade diese Dispositionen bei Kindern vorliegen. Damit scheinen wir endlich eine wissenschaftlich eindeutige Antwort auf unsere Frage zu bekommen. Das Problem allerdings liegt hier in der methodischen Reichweite unserer Voraussetzungen. Denn ein Experiment beweist, dass die theoretische Deutung der durch empirische Beobachtung und Messung gewonnenen Sätze gemäß den Hypothesen zulässig ist, die als allgemeine Voraussetzungen in die Veranstaltung des Experimentes eingeflossen sind. Mithin beruht die von uns gesuchte, wissenschaftlich gesicherte Antwort auf die Frage, ob Kinder philosophieren können, auf der experimentellen Deutung einer psychologischen Deutung der Philosophie. Obwohl der wissenschaftliche Wert der Psychologie nicht in Abrede gestellt werden kann, stehen wir vor der Schwierigkeit, dass wir gegen konkurrierende Deutungen der Philosophie uns gar nicht auf psychologische Experimente berufen dürfen. Vielmehr müssten wir erst einmal unsere Voraussetzungen schlüssig begründen, was zudem zur Vermeidung einer zirkelhaften Argumentation ohne Berufung auf die Wissenschaft der Psychologie zu geschehen hätte.

Um überhaupt zu einem Ergebnis zu kommen, erweist es sich als notwendig, die Bedeutung von Philosophie wenigstens zu umreißen. Traditionell wird die Suche nach einer solchen Bestimmung in einer Was-Frage dargestellt. Durch Erfahrung inzwischen gewitzt werden wir jedoch kaum prorse fragen wollen, was Philosophie ist. Zurückhaltender formuliert könnte unser erster Annäherungsversuch lauten, worauf bezieht sich die Eigenschaft „philosophisch", wenn wir etwas als eine philosophische Äußerung akzeptieren. Die Betrachtung verschiedener Beispiele mag aus dem Gebrauch des Ausdrucks gleichbleibende Merkmale herausziehen, um schließlich eine Definition der Philosophie zu liefern. Allerdings ist unsere Übersetzung der ursprünglichen Was-Frage noch nicht vorsichtig genug. Denn sie unterstellt, Philosophie habe irgend etwas mit sprachlichen Handlungen zu tun, was implizit zugibt, noch die unüberlegteste Verwendung des Ausdrucks geschehe vermittels Sprechen in einem Lebenszusammenhang. Die Beantwortung unserer definitorischen Frage müsste somit berücksichtigen, dass wir auf Gesprächspartner in einem unabgeschlossenen und unvollendeten Gespräch angewiesen sind. Der Gesprächsaspekt schenkt nun zwar keine inhaltliche Bestimmung der Philosophie, schließt aber aus, was philosophisches Tun nicht sein kann. Philosophie ist kein einsames Unterfangen großer Geister, die aufgrund ihrer privilegierten Erkenntnisstellung Wahrheit verkünden dürften. Bescheidenerweise schmückt sich Philosophie nicht mit fremder Autorität, um als Prophetin ihrer Doktrin aufzutreten, sondern wirbt um Zustimmung aus Einsicht, indem sie begründet, darlegt und Folgerungen anbietet. Eben so wenig ist Philosophie ein eigensinniges Geschäft, bei dessen Ausführung jeder Beliebige seine Privaturteile schon philosophische Erkenntnis betiteln mag. Über die Abweisung selbstgefälliger Rechthaberei und wichtigtuerischer Beschränktheit weist der Gesprächsaspekt indessen unserer Frage nach dem Inhalt der Philosophie eine Richtung. Einige Sicherheit, eine plausible Antwort zu erhalten, dürften wir erwarten, wenn wir untersuchen, was wir durch Diskussion gelehrt werden, unter Philosophie zu verstehen. Auskunft bekommen könnten wir bei denjenigen, die sich in diesem Gespräch als Kundige erwiesen haben und als Philosophen anerkannt werden.

Gehen wir auf die Anfänge der terminologischen Verwendung des Ausdrucks zurück, dann finden wir eine emphatische Bestimmung der Philosophie, die sich wider eine selbstgenügsame Welt- und Lebensklugheit richtet. Platon grenzt in seinem Dialog über den Staat auf strenge Weise den beflissen Kenntnisse aufraffenden Philodoxen vom Philosophen ab.[2] Dem Philosophen gehe es eben nicht um die nutzenorientierte Einrichtung in der Wechselhaftigkeit vielgestaltigen und vielfältigen Seienden, vielmehr strebe er nach Wissen über die sich gleichbleibende und ewige Seinsordnung.[3] Philosophie ist die Königswissenschaft. Denn sie gebe Erkenntnis über das wahrhaft Seiende, durch welches Wissen schließlich erst menschlichem Handeln Richtung und Maß verliehen werde. Prägnant skizzieren die pseudoplatonischen Definitionen, ein der Akademie zugeschriebenes Werk, Philosophie als eine Ausbildung in erlernbaren Fertigkeiten zu einem Verhalten, das die Einheit von Mensch und Kosmos zu erkennen sucht in der Schau des Ewigen und Unveränderlichen. Schulgemäß in der Nachfolge Platons festgelegt ist Philosophie erstens das Streben nach Wissen um das ewige Seiende, zweitens die theoretische Haltung, die Weise zu betrachten, in der Wahres wahr ist, und drittens die Bildung der Seele im rechten Logos.[4]

Mit der Realdefinition der Philosophie, die aus der platonischen Akademie überliefert wurde, scheint unsere Frage beantwortet. Sie hat ihren notwendigen Gegenstandsbereich in den Ideen. Sie sichert hinreichenderweise den Zugang zu dem ausgezeichneten Seienden mithilfe der zur habituellen Methode gewordenen theoretischen Einstellung, die an den richtigen Gebrauch vernünftiger Rede gebunden ist. Zudem nennt sie einen zureichenden Grund, philosophisch tätig zu werden, nämlich die Sorge der Seele um sich selbst, die sich in ihrem Bildungsverlangen ausdrückt.[5] Schließlich gibt die Definition uns ein zwingendes Motiv zum Philosophieren, da die Seele im Erleben ihres Mangels nach Erfüllung und Vervollkommnung im Wissen strebt. Die Verschmelzung von Selbsterkenntnis und Wissenserwerb über die ideale Sphäre des Seins legt in Platons Seelenlehre dem philosophischen Bildungsanspruch ein intellek-

[2] 480 a.
[3] 479 a und 585 c.
[4] 414 b.
[5] Der Text der Definitionen spricht hier von „epimeleia“, was sowohl Sorge als auch Bildung heißen kann..

tuelles Fundament, da sie zugleich ihren Bildungsanstrengungen ein formendes Prinzip jenseits aller sinnenfälligen Erfahrungen gibt. So hat der Mensch, um sein angeborenes Heimatrecht am Reich idealer Wesenheiten auszuüben und dadurch sein Menschsein zu verwirklichen, die Wahrheit der Ideen aus einem innewerdenden Denken heraus in dialektischer Begriffsarbeit darzulegen, worin sich die metaphysische Entsprechung von Methode und Gegenstandsbereich erweist.[6]

In dem von Platon bereiteten Paradies indessen war für die Philosophie keine dauerhafte Bleibe. Die Lektüre der Textdokumente, die 2500 Jahre ihrer Geschichte kumulierten, entfaltet das Panorama eines Streites über den genuin philosophischen Gegenstandsbereich und ihre Methoden. Damit ist aber auch der Zweifel entfacht, ob Philosophie es überhaupt mit entscheidbaren Fragen, also letztlich mit Wissen zu tun hat. Selbst die Minimalforderung, dass jede vernünftige Rede von Wissen doch wenigstens der Anerkennung von Kenntnissen aus sinnhafter und folgerichtiger Organisierung der Erfahrung bedarf, hilft nicht weiter. Diese Normierung gehört nämlich eher zur Grammatik des Wortes und sagt kaum über die inhaltliche Auszeichnung dessen etwas aus, was jeweils als wissenswert und wissenswürdig anzusehen ist. Löst Skepsis den Gegenstands- und Methodenanspruch der Philosophie, kurz ihre Erkenntniskraft auf, bliebe von ihr nur eine mögliche Einstellung zu den Lebensfährnissen unter vielen anderen möglichen zurück, deren besonderen philosophischen Charakter wir jedoch noch nicht klar zu sehen vermögen, weil sie zu diffus ist.

Eine Ermunterung und gleichzeitig Anleitung zu einer weitergehenden Untersuchung könnte ein Argument des Aristoteles bieten, „Goldener Logos“ genannt. Die Ausführungen im Protreptikos, einer an ein breiteres Publikum gerichteten philosophischen Werbeschrift besagen dazu: die Frage, was Philosophie sei, besitze selbst philosophi-

---

[6]Den Hinweis, dass die Wortbedeutungen von „nus“ und „psyche“ bei Platon zusammenrücken, verdanken wir Carl Prantl, Über die Entwicklung der Aristotelischen Logik aus der Platonischen Philosophie, Darmstadt [2]1968, S.7.

schen Charakter, so dass jeder, der diese Frage stelle, bereits philosophiere.[7] Auffällig an diesem Argument ist zunächst einmal die rückbezügliche Anwendung der Ausdrücke „Philosophie" und „philosophieren" auf sich selbst.[8] Aristoteles benutzt hier die spätestens seit Platons Diskussion des sogenannten Problems vom dritten Menschen in seinem Dialog Parmenides verbreitete Kenntnis, dass einige Ausdrücke prädikativ gebraucht werden können, indem sie sich selbst zugeschrieben werden. Interessanterweise gehören einige philosophisch ausgezeichnete Worte wie z. B. Denken, Wissen, Erklären und Erkennen zu diesem Kreis. Offensichtlich können wir Sätze bilden wie „Das Denken kann gedacht werden.", „Das Wissen kann gewusst werden.", „Das Erklären kann erklärt werden." oder „Das Erkennen kann erkannt werden.". Woraus sich durch nominale Umformung solche Phrasen wie „das Wissen des Wissens", „das Erklären des Erklärens" oder „das Erkennen des Erkennens" ergeben. Als unsinnig hingegen würden wir Nominalphrasen wie etwa „das Tanzen des Tanzens, „das Klavierspielen des Klavierspielens" oder „das Schachspielen des Schachspielens" betrachten, eben weil wir die Ausdrücke nicht so aussagen können, dass sie sich selbst zugeschrieben werden. Unabhängig von der spekulativen Frage, ob die Selbstzuschreibung unsere Kenntnis vom Inhalt des Ausdrucks bereichert oder nicht, beschränken wir uns auf den pragmatischen Aspekt, den das Ansinnen einer solchen Sprechhandlung annehmen kann. Stellen wir uns ein Gespräch vor, in dem etwa die Aufforderung an uns ergeht, das Denken zu denken. Wahrscheinlicherweise vermuten wir, dass wir gebeten sind, gemeinsam zu untersuchen, was Denken ist. In der Gesprächssituation scheint diese Bitte aber wohl nichts anderes zu heißen als sich auf einen gemeinsamen Nenner oder einen Standard zu einigen hinsichtlich der Verwendung des Wortes in unserem fiktiven Gespräch. Der pragmatische Sinn der Aufforderung dürfte somit darin liegen zu klären, wie wir das Wort zu verstehen haben, wenn wir es in diesem ausgedachten Gespräch gebrauchen.

[7] 33i bis 38.

[8] Das Übersetzungsproblem kann im Folgenden außer acht gelassen werden. Die grammatische Struktur des Altgriechischen ist im Deutschen prinzipiell, auch gegen heute übliche Sprechgewohnheiten nachbildbar.

Wollen wir die aus unserem Gesprächsszenario gewonnene Beobachtung auf das Argument „Goldener Logos“ übertragen, müssen wir dessen komplexere Form berücksichtigen. Das Argument besagt mit unseren Worten, schon die Frage, was Philosophie ist, sei philosophisch. Wenn wir jetzt auf analoge Weise wie oben vorgehen, um die vorgeschlagene Form des Arguments in eine Sprechhandlung zu transponieren, so bekundet sich darin, dass die fragemäßige Aufforderung zur Fällung eines Urteils über Philosophie schon eine Klärung der Philosophie beinhaltet. Unser Versuch scheint somit auf die Tautologie hinauszulaufen, die Klärung der Philosophie mache Philosophie klar. Dennoch haben wir guten Grund anzunehmen, gerade in dieser nichtssagenden Gestalt stecke die Bedeutung des Argumentes. Auffällig ist, dass es in dieser Form selbst keine inhaltliche Bestimmung der Philosophie zu bemühen braucht. Es hat nicht nötig, sich auf einen speziellen Gegenstandsbereich oder irgendeine Methode zu beziehen, so dass offen bleiben kann, ob es nicht eine Vielzahl möglicher Antworten auf die Frage nach dem Inhalt der Philosophie gibt. Genau diese inhaltliche Zurückhaltung des Arguments erschließt uns nun dessen Aufgabe. Es benennt nämlich die notwendige Bedingung des Philosophieren, uns darüber klar zu werden, was wir meinen, wenn wir sagen, wir philosophieren. Die Betrachtung der Ausführungen des Protreptikos im Hinblick auf ihren Widerlegungszweck verdeutlicht den Zusammenhang. Aristoteles travestiert den Haupt- und Herzeinwand aller weltgewandten Tüchtigkeit, dass Philosophie nutzlos und ihre Bemühungen um Erkenntnis nichtig ist, weil sie keinen praktischen Erfolg bringt. Dazu schmückt er Philosophie nicht mit der Aureole einer ideellen Nützlichkeit; vielmehr entlarvt er jenen Einwand als Anpreisung einer unüberlegten Behauptung, indem er darauf hinweist, dass eine Doxologie unmittelbaren Erfolges sich nicht aus empirischen Wirkungen begründet, sondern dass der von jener die Nutzlosigkeit der Philosophie anprangernden Meinung erhobene Klärungsanspruch bezüglich der Begriffe „Philosophie“ und „Nutzen“ im wechselseitigen Reden über Ausdrucksverwendungen gebunden ist und aus diesem Reden über das Reden gerechtfertigt wird. Aristoteles besteht also schlicht auf der Erfüllung des Sinns einer solchen mitteilenden und bestimmenden

Rede, uns darüber klar zu werden und anderen klar zu machen, was wir eigentlich sagen.[9] Deren Sinn zeigt sich in Sätzen, die eine Sinnklärung ergeben. Eben weil jede sinnklärende Rede ihren Sinn in einem Gespräch anhand der erforderlichen Normierung der Ausdrucksverwendungen zur Erscheinung bringt, kann Sinnklärung Reden nicht unterlaufen. Daher lässt sich der pragmatische Charakter einer solchen Sinnklärung nur mehr tautologisch anzeigen, dass nämlich die Klärung eines Ausdrucks den fraglichen Ausdruck klärt.

Deutlicher noch wird die von Aristoteles eingeklagte Sinnklärung, wenn wir den Einwand leicht variieren. Stellen wir uns einen gewiefteren Opponenten vor, der seine Ablehnung der Philosophie etwa auf folgende Weise äußert: „Ich halte Philosophie für nutzlos." Auf unsere Frage, was er damit meine, würde er seine Stellungnahme mit den Worten wiederholen, er sei nun einmal der Ansicht, dass Philosophie nutzlos sei, weil er empfinde, sie bringe ihm nichts. Mit dieser Antwort hätte unser Opponent tatsächlich den Anspruch auf Sinnklärung abgewiesen, da er ja nur seine Sichtweise und Empfinden kundtut. Sicherlich können wir aus dieser Selbstkundgabe die Einstellung des Opponenten zu Welt und Wirklichkeit entschlüsseln; diskutieren aber können wir seine Ansicht nicht. Denn der Opponent schreibt uns die Spielregeln des Gesprächs vor. Bei jedem unserer Angebote einer Normierung der verwendeten Ausdrücke, kann der Opponent darauf beharren, dies sei schließlich nur unsere aber nicht seine Sichtweise. Überzeugen können wir ihn mithin nicht, da dies eine gemeinsame Klärung und Verständigung über den Sinn der verwendeten Begrifflichkeit voraussetzt. Insofern wir uns genötigt sehen zu sagen, wir hätten eine andere Sichtweise, reduziert sich das Gespräch auf die Kundgabe unverträglicher Ansichten.

Rückblickend erkennen wir, wie unsere Diskussion des Aristotelischen Arguments eine merkwürdige Umkehrung der Fragerichtung bei der Sinnklärung veranschaulicht. Während im alltäglichen Leben Wort-Fragen auf eine ihrem Erwartungshori-

[9] Vgl. 37.

zont angemessene Antwort über einen Zustand der Welt zielen, die in aller Regel aus wahren oder falschen Aussagen bestehen, versuchen wir, Behauptungen auf die sie ermöglichenden Fragen zurückzuführen, um deren Erwartungshorizont zu prüfen. Was eine Implantierung der Was-Fragen in mögliche Gesprächsverläufe zeigt, bestätigt die Untersuchung der Frage nach dem philosophischen Charakter der Philosophie. Der Klärungsanspruch läuft gegen die alltagssprachliche Konditionierung unseres Denkens an, über angeblich sichere, außersprachliche Tatsachen zu verfügen; vielmehr eröffnet er wieder die Diskussion über die Voraussetzungen unseres Redens über die Wirklichkeit, indem er die notwendige Bedingung einer Verständigung über Ausdrucksverwendungen benennt. Die skeptische Einstellung gegen das Vorurteil, das kritiklos meint, mithilfe eines zufällig angehäuften Fundus ungeklärter Begriffe Wirklichkeit eingefangen zu haben, bezeichnet Hegel in dem Wort, Philosophie sei der dem gemeinen Menschenverstand innewohnende Widerspruchsgeist. Einerseits offenbart unsere Diskussion daher die Zumutung, die in dem philosophischen Klärungsanspruch steckt, da er auffordert, mit Denkgewohnheiten zu brechen. Andererseits lehrt sie, das die Angabe der notwendigen Bedingung eines philosophischen Gesprächs bei weitem nicht ausreicht, Philosophie zu bestimmen. Wenn nämlich Philosophie die Rekursion des Fragens verlangt, müssen wir selber Täter der Gedanken werden und uns an einer klärenden Diskussion beteiligen.

Wichtig zur Beantwortung unserer beiden Eingangsfragen nach dem philosophischen Vermögen der Kinder und der Bedeutung der Philosophie ist es daher, ein ernstzunehmendes und inhaltlich ausgearbeitetes Modell für das Philosophieren mit Kindern zu finden. Im deutschsprachigen Raum bietet dazu Ekkehard Martens einen Entwurf[10] an, der die methodische und didaktische Entwicklung des Konzeptes, mit Kindern zu philosophieren, aufgreift und kritisch aufarbeitet. Martens versucht die beiden Extrempositionen zu vermeiden, wie sie aus den Modellen der beiden jüngeren Pioniere eines Philosophieren mit Kindern paradigmatisch herausgelesen werden können.

[10] E. Martens, Philosophieren mit Kindern. Einführung in die Philosophie, Stuttgart 1999, im Weiteren zitiert als „Einführung".

Während Matthew Lipman[11] eher ein sprachanalytisches Exerzieren von Begriffsanalysen und Argumentationstechniken vorschlägt, wodurch Orientierung und philosophische Sinnfragen ausgeklammert bleiben, verlässt sich Gareth B. Matthews[12] stärker auf die Spontaneität und den Einfallsreichtum der Kinder, was letztlich dazu führt, das philosophische Fragen von kognitiven Fähigkeiten zu entkoppeln. Martens' Modell hingegen beabsichtigt sowohl die lebensweltliche Wirklichkeit der Kinder als auch die Orientierungs- und Deutungsangebote der Philosophiegeschichte zu berücksichtigen. Dazu unterscheidet er zwischen einem Philosophieren mit wissenschaftlichem Anspruch und einem ohne wissenschaftlichen Anspruch.[13] Philosophieren meint danach Methodenkompetenz, deren Ausübung in „einem ganzen Bündel unterschiedlicher Reflexionshandlungen besteht".[14] Zwischen wissenschaftlichem und nicht wissenschaftlichem Philosophieren tritt somit nur eine graduelle Stufung auf je nach Intensität der Reflexion, der Argumentationsschärfe, der Genauigkeit oder der Differenziertheit.[15] Auf der einen Seite entwickelt das wissenschaftliche Philosophieren tragfähige Beweisverfahren und Untersuchungsmethoden, die allerdings als Kulturtechniken wie Lesen und Schreiben lehrbar sind.[16] Auf der anderen Seite liegt schon ein naives Philosophieren vor, sobald Kinder etwas erwägen, bedenken, kurz reflektieren, um es besser zu erkennen.[17] Beide Aspekte lassen sich nun vereinen und zu einem Philosophieren mit Kindern weiterentwickeln, indem ein Erwachsener, der nicht alleine philosophische Kenntnisse sondern auch pädagogisches Wissen und Erfahrung besitzt, das naiv unbefangene, kindliche Philosophieren fördert.[18]

[11]Vgl. M. Lipman, Pixie. Philosophieren mit Kindern, Wien 1986, und seine Anmerkungen in: Handbuch zu Pixie. Philosophieren mit Kindern, Wien 1986.

[12]Vgl. G. B. Matthews, Philosophieren mit Kindern. Wenn Kinder weiter denken als Erwachsene, Berlin e. a. 1995.

[13]E. Martens, *Philosophieren mit Kindern als elementare Kulturtechnik*, in: Müller, H.-J./ Pfeiffer, S. (Hg.), Denken als didaktische Zielkompetenz. Philosophieren mit Kindern in der Grundschule, Hohengehren e. a., 2004, Sn. 7 –18, S. 8; im Weiteren zitiert als „Kulturtechnik".

[14]Ebd., S. 10.

[15]Ebd. S. 8.

[16]Martens, Einführung, S. 190.

[17]Martens, Kulturtechnik, S. 11.

[18]Ebd., S. 18.

Wenn Schule sich als aufgeklärte Schule verstehe, dann, so plädiert Martens, müssten die philosophieverdächtigen Leerformeln der Lehrpläne mit Leben gefüllt werden.[19] Daher sei eine Schulung der Aufklärung durch Philosophie nötig, „insofern man sie als elementare Technik ... oder als handwerklich lehr-lernbares und einübbares Wissen und Können der Kultur der Aufklärung ... nutzt ... und in entsprechende Unterrichtspraktiken umsetzt".[20] Einsatzpunkt der Philosophie ist zunächst die Begriffsbildung, die uns „die Schlüsselbegriffe unserer praktischen Entscheidungen, unserer theoretischen Weltdeutung und unserer existenziellen Hoffnungen oder Selbstdeutungen ... in ihrer jeweiligen Verwendung genau erkennen ... und in angemessener Weise verwenden"[21] lässt. Begriffsbildung dient damit einer „Selbst-Bildung von Personen, die ein freieres Verhältnis zu ihrer eigenen Symbolwelt gewinnen und dadurch Leben humaner gestalten können".[22] Weiterhin sei Philosophie ein Dialoghandeln, dessen Wirkung darin bestehe zu lernen, „aufeinander einzugehen, wechselseitige Andersheiten zu tolerieren und die eigenen Vorstellungen zu klären", da „Philosophie als Technik kein neutrales, automatisches und beliebig einsetzbares Verfügungswissen ... sondern an Freiheit gebundenes individuelles und gemeinsames Reflexions-Können"[23] ist. Außerdem bedarf die Unterrichtung in Philosophie, deren „Orientierungsbeitrag ... die inhaltlichen Differenzen der scheinbar beliebigen Denk- und Interpretationsmöglichkeiten herausfordern", einer „inhaltliche(n), auch aus präreflexiven, religiösen oder lebensweltlichen Quellen gespeiste(n) Deutungskompetenz".[24] Die Philosophiegeschichte liefert das „Denk-Material", durch dessen reflexive Bearbeitung eine „belehrte und eingeübte Deutungskompetenz" ermöglicht wird. Erhalten Kinder auf diese Weise „Kenntnisse über inhaltliche Alternativen ihrer eigenen, oft selber unklaren Interpretationen", so wird „ein wechselseitiges Erkennen und Anerkennen der eigenen und fremder Standpunkte, vor allem in einer interkulturellen Ver-

[19]Martens, Einführung, S. 186/187.
[20]Ebd., S. 187.
[21]Ebd.
[22]Martens, Einführung, Sn. 187/188.
[23]Ebd., S. 188.
[24]Ebd., S. 189.

ständigung“ erreicht, „um die unterschiedlichen Standpunkte im Umgang mit anderen, ganz fremden Menschen als mögliche Perspektiven ... identifizieren, tolerieren, kritisieren oder akzeptieren zu können“.[25] Schließlich muss zur Entscheidungsfindung in „der Fülle der interpretativen Orientierungsangebote“ Philosophie in eine „Urteils-Bildung im konkreten Fall“ führen, damit Kinder nicht nur „eine Freiheit im Denken ...(sondern auch) ...durch Denken praktizieren ...(und) ... ein gewisses Fingerspitzengefühl situationsangemessenen ... Verhaltens und Handelns erwerben“.[26]

Die ausführliche Zitation des Quadrivium von Begriffsbildung, Dialoghandlung, Deutungskompetenz und Urteilsbildung ist erforderlich, um den Ausdruck von der Philosophie als Kulturtechnik, die zentrale Redefigur seines Plädoyers für die schulische Integration des Philosophieunterrichtes zu untersuchen und zu verstehen. Unsere Klassifikation der Ausführungen als Plädoyer vermutet, dass Martens ad hominem argumentiert, und anerkennt damit zugleich seine Schwierigkeiten, erwartete oder erwünschte Zustände in Abhängigkeit zu speziellen Zuständen bringen zu müssen, die als antezedierend betrachtet werden sollen. Auffällig in diesen Ausführungen jedenfalls ist die Hervorhebung der kulturellen und sozialen Wirkungen der Philosophie, welche Wirkungen ihrerseits nun als Verwirklichungen erwünschter Zielvorgaben dargestellt werden. Hier fließen die Beschreibung eines Kausalablaufs und die Beschreibung einer intentionalen Handlung ineinander. Tatsächlich sind beide Beschreibungsformen verträglich, wenn der Kausalablauf in einen funktionalen Vorgang übersetzt werden kann, der seinen Grund in einer Zwecksetzung findet. Idealtypischerweise geschieht eine solche Übersetzung in der Beschreibung technischer Prozesse. Erinnern wir uns nur an eine Erklärung der Funktionsweise etwa einer trivialen Maschine, wie sie uns üblicherweise gegeben wird. Mit Sicherheit werden darin Satzphrasen folgender Gestalt auftauchen: „Dies dient dazu.“ oder „Um das zu erreichen, muss dieser Hebel betätigt werden, der die Aufgabe hat, jenes zu bewirken, was wiederum Folgendes in Gang setzt.“. Selbstverständlicherweise geben wir zu, dass unse-

[25]Ebd.
[26]Martens, Einführung, S. 190.

re Beobachtungen in enger Verbindung zu unserer Kommunikationserfahrung stehen. Gerade aber die alltagserprobte Erfahrung legt nun die Vermutung nahe, nicht nur die besondere Betonung der Philosophie im Sinne einer Kulturtechnik lasse sich aus dem Argumentationsziel und seinem Motiv erschließen. Allerdings erklärt diese Annahme nicht die Verwendung des Ausdrucks „Kulturtechnik", in der verschiedenartige Modellierungen der Ausdrucksbedeutung verschmelzen. Einerseits löst sich in diesem Begriff einer der klassischen Leitunterschiede der Philosophie auf, nämlich derjenige zwischen Poiesis und Praxis, zwischen Herstellen und freiem Tun. Wenn Martens davon spricht, Philosophie liefere kein automatisch einsetzbares Verfügungswissen sondern sei ein an Freiheit gebundener Erwerb von Freiheit durch das Denken, dann heißt dies in traditionellere Sprache übertragen, Philosophie sei eine spontane, also nicht kausal determinierte Herstellung von Autonomie. Andererseits soll Philosophie das lern- und lehrbare Handwerk der Reflexion sein, die den Prozess der Selbstbestimmung steuert. Was die kulturtechnische Bestimmung der Philosophie als eine spontane, reflexiv gesteuerte Autonomieherstellung pädagogisch attraktiv macht, scheint die Erwartung zu sein, eine kulturtechnische Auffassung der Philosophie erleichtere durch ihre Ausprägung in jenem, oben erwähnten Quadrivium die didaktische Handhabung der Philosophie und unterstütze ihre methodische Gestaltung zu Unterrichtseinheiten. Demgegenüber jedoch stehen die Kosten einer Pädagogisierung der Philosophie, die Philosophie zur Durchsetzungstechnik ihrer eigenen, aus reflexiver Deutungsmacht erzeugten Ziele verändert. Indem die Zersetzung jener Unterscheidung zwischen Poiesis und Praxis die Zweck-Mittel-Relation funktional kurzschließt, so dass nun nicht nur der Zweck das Mittel sondern auch das Mittel den Zweck bestimmt, kann unterrichtsvermitteltes Philosophieren den Charakter eines emergenten Orientierungswissen annehmen, das im Entfaltungsraum kulturell bedingter Perspektivität durch seine Deutungskompetenz autonome Eigensteuerung optimiert. Tatsächlich entzieht die Technisierung menschlicher Praxis – und auch das Denken zählen wir zur Praxis – ihre Voraussetzung, die eben in der funktional stabilisierten und reflexiv gesicherten Rückkopplung eines moralischen Freiheitspostulats auf mentale Steuerungsprozesse nicht trivialer, psychischer Maschinen besteht, jedem Versuch einer vernünftigen Sichtung und Abwägung. Denn für Beobachter und Beobachteten gelten dieselben Bedingungen, so dass jede selbstreferentielle Erwägung der Stichhaltigkeit jener Voraussetzung Sein und Sollen, Beschreibung und normatives Urteil konvergieren lässt und nur mehr als iterative Steigerung des reflexiven Selbstbezugs psychischer Systeme darstellbar ist. Erst in der Außensicht auf diese pädagogische Technisierung erkennen wir den Grund, warum in Martens Plädoyer die Diskrepanz von Freiheitspostulat und Erziehungsnotwendigkeiten unthematisch bleiben kann. Das Konzept einer reflexiv gesteuerten Autonomieherstellung überspielt das praktischer Vernunftsanwendung entsprungene und ihre Anwendungsbedingungen herausfordernde pädagogische Paradoxon, wie nämlich durch einwirkende Erziehung Freiheit ermöglicht werde, zugunsten eines erziehungstechnisch gelenkten Exerzierens der Freiheit.[27]

Unsere Beobachtungen dürften gezeigt haben, dass Martens' Plädoyer philosophisch keinesfalls indifferent ist sondern – ob bewusst oder unbewusst mag dahingestellt bleiben - Wertungen und Urteile über Welt und Mensch impliziert, deren Folgen wir noch nicht überschauen. Daher mag es hilfreich sein, die Begründungen, die diese Sichtweise philosophisch aufladen, zu untersuchen und zu diskutieren. Martens selbst gibt uns einen Anhalt zu diesem Unternehmen durch eine in ihrer Bekundung klar verständliche, in den Details aber recht schwierige und dunkle Textpassage, die Gründe für das Philosophieren mit Kindern anführt. Danach ergebe sich eine Antwort auf die Frage, warum Erwachsene mit Kindern Philosophieren sollten, „wenn wir uns selbst als symbolgebrauchende Lebewesen ... interpretieren ... Wir leben nicht nur in einer Realwelt, sondern erleben und verstehen uns selbst, die anderen und die Natur immer schon vermittels einer Symbolwelt von sprachlichen und nicht-sprachlichen Zeichen. Die Unmittelbarkeit eines Zugangs zu ‚der' Wirklichkeit ist eine Selbsttäuschung. Daher sehen wir uns mit einer unvermeidbaren Alternative zweier Vermitt-

---

[27]Eine gute Darstellung des Paradox bietet A. Hügli, Philosophie und Pädagogik, Darmstadt 1999, Sn 51ff.

lungsformen konfrontiert. Wir können entweder unseren Symbolgebrauch oder, wie wir auch sagen können, unsere (nicht immer bewussten) Interpretationen ihrerseits interpretieren und uns reflexiv, aufgeklärt zu unserem Verhalten verhalten. Oder wir können uns statt reflexiv auch reflexhaft verhalten. Das heißt, jeder lebt zwar in einer vagen, unreflektierten Philosophie als unvermeidbarer Symbolwelt, aber nicht jeder philosophiert."[28] Bevor wir die Diskussion beginnen, vergewissern wir uns noch einmal der Grundlagen und formulieren die Maxime unserer Vorgehensweise. Wir meinen, in dem Ausdruck „Interpretation" den Schlüssel zum Verständnis der Passage zu erkennen. Es gibt nun starke Anzeichen, dass Martens die Ausdrücke „Interpretation" und „Deutung" synonym verwendet. Wir werden uns daran halten und nur den letztgenannten Ausdruck berücksichtigen. Dies geschieht aus zwei Motiven. Indem wir den Ausdruck verbalisieren, also den Gebrauch der Verbform „deuten" im Deutschen untersuchen, können wir erstens einem Muttersprachler ohne langwierige philosophiegeschichtliche Exkurse die Problemlage schnell verdeutlichen. Zweitens vermeiden wir durch Verbalisierung die Unklarheiten, die dadurch entstehen, dass ein grammatisches Gelingen von Nominalisierungen, zu denen gerade das Deutsche verführt, schon für Begriffserzeugung gehalten wird.

Auffällig nun ist, dass im Deutschen das Verb „deuten" auf zwei Arten verwendet werden kann. Zum einem darf eine präpositionale Phrase angehängt werden, wie etwa in dem Satz „Die einjährige Sophia deutet auf ein leeres Glas, um etwas zu trinken zu bekommen.". In diesem Fall kann das Verb „deuten" problemlos durch die Verben „zeigen" oder „weisen" ersetzt werden. Zum anderen wird das Verb mit einem Akkusativobjekt verbunden. In einer Sittengeschichte der antiken Römer könnten wir etwa den Satz finden „Die Auguren deuteten den Vogelflug, um den Willen der Götter zu erkunden.". Nach unserem Sprachgefühl könnten in diesem Satz kaum die Verben „zeigen" oder „weisen" an die Stelle des Verbs „deuten" treten. Ohne uns in einen Suprematiestreit bezüglich der Verwendungsweisen oder in eine Auseinan-

[28]Martens, Einführung, Sn. 184/185 .

dersetzung über die Hauptbedeutung des Verbs einzulassen, stellen wir fest, dass der Inhalt des letzten Satzes auch wiedergeben werden kann, indem man sagt, nach Meinung der Römer deutete der Vogelflug auf den Willen der Götter, den die Auguren durch Beobachtung zu erkunden hatten. Es scheint also, das Verb „deuten“ stellt vor unterschiedlichen intentionalen Hintergründen eine Beziehung her, die zwei – wir umgehen noch den Ausdruck „diskrete Gegenstände“ – Benennungen oder Kennzeichnungen einander zuordnet. Im ersten Beispiel wird situationsgebunden durch die aktuelle Zeigehandlung ein Zusammenhang zwischen Trinkmittel und Trinkwunsch erzeugt. Im zweiten Beispiel wird dargelegt, dass aus römischem Religionsverständnis der Vogelflug Menschen den Götterwillen anzeigt. Vorschnell könnten wir jetzt meinen, das Verb „deuten“ wäre gegen die Nominalphrase „Zeichen für“ austauschbar, beide hätten infolgedessen dieselbe Bedeutung. Denn tatsächlich können wir unsere Beispiele so übersetzten, dass wir sagen, Sophias Handbewegung ist ein Zeichen für ihren Trinkwunsch oder der Vogelflug ist in römischer Sicht ein Zeichen für den Willen der Götter. Jedoch erheben sich gegen eine solche generalisierte Vermutung schwere Bedenken, da wir noch gar nicht geprüft haben, ob unsere Behauptung immer zutrifft oder ob wir Gegeninstanzen finden. Das heißt aber, wir müssen versuchen, soweit wir es können, die Eigenschaften, die eine deutende Zuordnung charakterisieren, zu umreißen.

Um weiter unsere Vorgehensweise zu verfolgen, den Gebrauch des Verbums zu klären, stellen wir uns zum Beispiel einen Segler vor, der mit einem Blick auf den Himmel meint: „Die Wolken deuten auf Sturm.“ Will der Segler damit ein Kausalverhältnis zwischen Wolkenbildung und Sturm behaupten, so dass die Wolkenbildung den Sturm verursacht? Sicherlich würde er diese Frage entschieden verneinen. Was er ausdrücken will, ist, dass aufgrund von Erfahrungen diese Wolkenbildung und Sturm häufig oder immer nach einander auftreten unbeschadet ihrer Ursachen. Als neues Beispiel denken wir uns aus, wir gingen alleine an einem warmen Sommermorgen über einen menschenleeren Strand. Plötzlich stoßen wir auf eine Vertiefung im Sand, die wir ihrer Form nach für einen menschlichen Fußabdruck halten. Wären wir in partibus barbarum, wo der Mensch dem Menschen Feind ist, veranlasste uns sofort jeder Hinweis auf die mögliche Anwesenheit Fremder, uns verteidigungsbereit zu halten. Da wir unsere Phantasie aber nur in zivilisierteren Gegenden flanieren lassen, stellen wir uns vor, wir blieben philosophisch sinnierend stehen und fragten uns, ob wir jetzt nicht doch von charakteristischen Merkmalen auf das Vorliegen eines Fußabdrucks geschlossen hätten. Möglicherweise verneinten wir, in diesem Fall einen Schluss gezogen zu haben. Doch gäben wir unsere Antwort nur mit Bedenken. Denn schon sähen wir in unserem stummen Zwiegespräch mit uns selbst den Gegeneinwand hervorspringen. Selbstverständlicherweise könnten wir doch feststellen, diese und jene Charakteristika seien die Merkmale eines Fußabdrucks. Sie lägen vor, also sei diese Vertiefung im Sand ein Fußabdruck. Gingen wir aber auf die beschriebene Weise vor, zögen wir doch wohl einen Schluss. Nachdem der Einwand erst einmal gefallen wäre und wir den Triumph genossen hätten, uns selbst des Irrtums überführt zu haben, könnten wir nun mit verringert advokatorischem Ehrgeiz und somit kalmierten Geistes das Argument untersuchen. Interessant an dem Einwand ist eigentlich der erste Satz, diese und jene Charakteristika sind die Merkmale eines Fußabdrucks. Wir bestreiten nicht, dass dieser Satz sinnvoll behauptet werden kann. Was aber drückt dieser Satz aus? Er sagt doch wohl nichts anderes aus, als dass diese und jene, näher zu beschreibenden Charakteristika das Gleiche sind, wie die Merkmale eines Fußabdrucks. Diese Gleichsetzung bestimmt so etwas wie das Maß oder die Schablone für Fußabdrücke. Unsere Schablone legen wir sozusagen in Gedanken auf die vorliegende Vertiefung, so dass wir mehr oder weniger genau die Vertiefung als einen Fußabdruck identifizieren. Wir brauchen also gar nicht zu schließen sondern müssen nur die Vertiefung mit unserer Schablone vergleichen. Die Behauptung, es liege ein Fußabdruck vor, würden wir mit dem Hinweis auf den Vergleich verteidigen. Der Einwand scheint daher zwei Ebenen zu konfundieren, nämlich die Verteidigung der Behauptung, es liege ein Fußabdruck vor, und die Rechtfertigung der Angemessenheit unserer Deutung, dass wir die Vertiefung für einen Fußabdruck halten. Nehmen wir an, wir wären von erkenntnisskeptischem Eifer geplagt und fragten uns deshalb, warum wir eigentlich die Vertiefung im Sand als Fußabdruck deuteten. Wir nähmen wahrscheinlich die Vertiefung noch einmal unter genauere Beobachtung, fänden einige Merkmal, einige andere aber nicht, weil das Relief schon verwischt wäre, schließlich aber fänden wir bei der Häufung der Merkmale die Annahme eines Fußabdrucks plausibel. Kurz, wir rechtfertigten unsere Deutung mit Plausibilitätsgründen, indem wir schlussähnliche Überlegungen anstellen. Dies jedoch ist etwas völlig anderes, als den Schluss auf das Vorliegen eines Fußabdrucks zu ziehen. Offensichtlich scheint also der Gebrauch des Verbs „deuten“ in Sätzen weniger Kausalverhältnisse oder Schlüsse zu bezeichnen als vielmehr eine Zuordnung auszusagen, die es mit Erfahrungen, Plausibilitätsüberlegungen und Erwägungen zu tun hat.

Ein Muttersprachler kann den Satz „Die Wolken deuten auf Regen.“ problemlos in den Satz „Die Wolken sind ein Zeichen für Regen.“ übersetzten, während die Übersetzung „Diese Vertiefung im Sand ist ein Zeichen für einen Fußabdruck.“ nicht ganz ohne Schwierigkeiten erfolgt. Aufgrund dieser Übersetzungen zu unterstellen, es bestehe eine geheimnisvoll obwaltende Bedeutungsverbindung zwischen den Worten „Deutung“ und „Zeichen“, wäre schlechterdings verfehlt. Einen solchen erkenntnisübersteigernden Anspruch sollten wir zurückweisen und eher annehmen, Alltagssprache verfüge über einen Variantenreichtum, der Kommunikation manchmal mißlingen läßt und dann der Klärung bedarf. Solange wir die alltagssprachliche Verwendungsvielfalt der Wörter kennen, bringen unsere Übersetzungen keine Probleme mit sich. Wir müssen nur beachten, dass bereits die Alltagssprache das Wort „Zeichen“ in anderen Kontexten anders einsetzt. Denken wir nur an konventionell festgesetzte Zeichen, z. B. Verkehrszeichen. Um ein rautenförmiges gelbgerändertes Schild als Vorfahrtszeichen zu erkennen, brauchen wir keine Erfahrung. Wir müssen nur einmal die Verkehrsregeln gelernt haben. Eben so wenig stellen wir bei Sichtung des Verkehrsschilds Plausibilitätsüberlegungen an bezüglich seiner Bedeutung sondern geben Gas, sofern die Verkehrslage es erlaubt.

Um die Grammatik des Verbums „deuten" genauer kennen zu lernen, wollen wir nun seine Verwendung situationsentbundener betrachten und auf Sprachkontexte anwenden. Jeder, der eine Schule besucht hat, dürfte sich der Aufforderungen noch erinnern, mit denen den kurrikularen Vorgeben, irgendwelche Gedichte zu deuten, Ausdruck verliehen wurde. Wir halten uns stur an die eingangs festgelegte Synonymität, obwohl üblicherweise in solchen Fällen von der Interpretation eines Gedichtes gesprochen wird. Anstellige Schüler wissen auch, was diese Aufforderung von Ihnen verlangt. Sie sollen die Stilmittel und Redefiguren erläutern und deren Gebrauch erörtern, um mithilfe einer Prosaübersetzung den Sinnverdacht zu bestätigen, dem insbesondere im Deutschunterricht Wörtersequenzen so weit unterliegen, dass bei einigermaßen cleverem und zungenfertigem Zurechtlegertum selbst völliger Sinnfreiheit sprachlicher Gebilde der ultimative Sinn einer intendierten Sinnverweigerung unterstellt werden kann. Was nüchtern gesehen geschieht, ist eine Zuordnung von Gedicht und Prosatext, wobei dieser vermittels einer in verwickelten Prozessen gesicherten Auslegung als Deutung jenes lyrischen Textes gilt. Ein neuer Zusammenhang eröffnet sich, wenn wir von der inhaltlichen Deutung einer logischen Form sprechen. So können wir sagen, die Verwandtschaftsbeziehung „Geschwister" deute die durch Abstraktion über Sprachverwendungen herstellbare Symmetrieeigenschaft von Relationen inhaltlich. Denn der Satz „Paul und Paula sind Geschwister." sagt nichts anderes, wenn auch vielleicht unhöflicher, als der Satz „Paula und Paul sind Geschwister.", welche Umstellung eben die Symmetrie veranschaulicht.

Bemerkenswert ist, dass in den beiden letzten Fällen die Ersetzung von Zeichen und Deutung, die wir an den vorherigen Beispielen beobachtet hatten, nicht mehr funktioniert. Kaum ein Muttersprachler ließe sich hinreißen zu behaupten, ein Gedicht wäre ein Zeichen für seine Interpretation oder die Eigenschaft der Symmetrie wäre ein Zeichen für die Verwandtschaftsbeziehung „Geschwister". Der Grund dürfte darin liegen, dass die Anwendung von Worten zur Beschreibung von Worten, also die Anwendung von Worten auf Sprachzusammenhänge terminologische Feinfilter erforderlich macht, die in gewissem Umfang die Verwendung der Worte normieren. Während die Zuordnung von Zeichengegenstand und Zeichenbedeutung in der Regel per Konvention notwendigerweise bestimmt ist, ohne welche Zuordnung es nämlich kein Zeichen gäbe, kommt dies bei Deutungen so nicht vor. Daher verwundert es auch nicht, dass verschiedene gleichrangige Interpretationen desselben Gedichts oder verschiedene gleichwertige Deutungen der Symmetrieeigenschaft möglich sind. Mag auch der Begriff der Deutung dem Begriff Zuordnung untergeordnet werden und von diesem impliziert sein, so erklärt der Begriff der Deutung zwar eine vorgenommene Zuordnungen, der Begriff der Zuordnung aber nicht eine vollzogene Deutungen. Um eine Deutung durchzuführen, müssen wir wissen, was und wie wir zuordnen. Eine Zuordnung ist somit eine notwendige Bedingung für eine gelungene Deutung. Die hinreichende Bedingung ihres Gelingens dürfte aber wohl ganz wo anders gesucht werden müssen. Gefunden werden zu können, scheint sie in der erworbenen, vielfach intuitiv ausgeübten Fähigkeit den Sinnspuren der Muttersprache zu folgen. So können wir darlegen, falls wir darin trainiert sind, warum die Interpretation eines Gedichtes unangemessen ist. So können wir nach kurzen Überlegungen verstehen, warum der Gebrauch des Verbs „heiraten“ in einem deutschen Aussagesatz eine treffender verallgemeinernde Deutung der Symmetrieeigenschaft ist als der Gebrauch der Nominalphrase „Schwester von“ bzw. „Bruder von“. Diese Fähigkeit überlegten Sprechens dürfte auf der durch Wahrnehmung sprachlicher Unterscheidungen, durch Spracherfahrung und durch Sprachabstraktion entwickelten Fertigkeit beruhen, die Verwendung von Ausdrücken zu explizieren und zu klären. Explikation und Klärung von Ausdrucksverwendungen sind dabei nicht nur sprachlogisch unabhängig vom Begriff der Deutung sondern finden auch praktisch weniger ihre Erfüllung in irgendwelchen Deutungen als in der Kritik an Erklärungsaspiratonen. Ihrem Anwendungssinn, möge dieses Wort erlaubt sein, entsprechen diese Fertigkeiten, indem sie begriffliche Normierungen zu einem Argumentationszweck liefern, der in einem erfolgreichen Argumentationsverlauf eingelöst wird.

Nachdem wir die Verwendung des Verbs „deuten“ soweit geklärt haben, können wir nun seinen Gebrauch in Martens‘ Darlegung zum Selbstverständnis menschlichen Erkennens diskutieren. Soll die Behauptung, wir könnten uns selbst als symbolgebrauchende und daher immer schon deutende Wesen erkennen, mehr bedeuten als die vage Feststellung, Erkennen im weitesten Sinn, also Wahrnehmen und Denken sei irgendwie auf Welt bezogen, dann müssen wir erst einmal den grammatischen Normalfall eines philosophischen Gebrauchs des Verbs „deuten“ bestimmen, wie er in Aufklärungsabsicht reklamiert wird. Gerade dessen Selbstaussage in der Kundgabe von Auslegungszweifeln und Bekenntnissen zu Auslegungsspielräumen, die sich etwa in Sätzen äußert wie „Ich deute diese Figuren als Schrift.“ oder „Ich deute dieses Verhalten als Antwort.“, scheint Martens auszuschließen. Denn sie dürfte trivial sein, da der Alltagsgebrauch die Erkenntnisleistung durch reflexiv deutende Rückbeugung auf unbewusste Deutungen nicht hinreichend offen legt. Das Konstrukt einer reflexiven Deutung von Deutungen lässt wahrscheinlich nur einen Ausweg offen. Martens muss verlangen, dass alle Sätze, die einen Erkenntnisanspruch ausdrücken, in Sätze übersetzt werden, die das Verb „deuten“ explizit in der dritten Person auf eine Zitation der erkenntnisvermittelnden Sätze anwenden. Sätze wie „Ich sehe das Klavier.“, „Ich höre den Regen.“ aber auch „Der Mensch besitzt personale Würde, weil er frei ist." nähmen somit die Form an „Wer immer den Satz behauptet, dass ...., deutet ...“ Die Beschränkung auf die Übersetzungsform zeigt schon die erste Rekonstruktionsschwierigkeit. Wir wissen nämlich gar nicht, was wir deuten sollen. Zunächst zerschlägt Martens das in erkenntniskritischer Absicht gerechtfertigte intentionale Verhältnis des Subjekts zum Objekt in den ontologischen Gegensatz eines von einander getrennt bestehenden Innen und Außen, um dann die Membra disiecta wieder nach dem Subjekt-Objekt-Schema zu verkitten. Hierbei stellt sich dann tatsächlich die drängende Frage, wie das erkennende Subjekt zum erkannten Objekt hinauskommt. Die unbefriedigende Antwort lautet, wir hätten nur eine mittelbare Erkenntnis des Objekts. Das aber kann nur heißen, dass der Deutungsfundus gar nicht in den erkannten Gegenständen sondern in psychische Episoden liegt, die wir mental als Gegenstanderkenntnis erleben. Bewusst machende reflexive psychische Episoden sollen sich auf das Gegenstandserleben beziehen und es als Deutungsvorgang deuten bzw. erkennen. Was aber deutet das Gegenstandserleben? Übrig bleibt hier wahrscheinlich nur noch die Vermutung, das Gegenstandserlebnis assimiliere in emergenter Verarbeitung neuronaler Prozesse kulturell oder evolutionär verursachte Anpassungsmuster. Damit tritt aber auch schon die zweite Schwierigkeit auf; wir verstehen nämlich unter Voraussetzung dieser nur aus Umrissen entschlüsselbaren Deutungstheorie weder den Sinn noch den theoretischen Status des Satzes „Alles Erkennen ist Deuten.". Drückt dieser Satz eine Erkenntnis aus, ist er keine Deutung, weil er nämlich erklärt, wie und warum Erkennen funktioniert. Drückt dieser Satz dagegen keine Erkenntnis aus, ist er ebenfalls keine Deutung sondern eine grammatische Normierung zur intensionalen Bestimmung des Ausdrucks „Erkennen", die expliziert werden sollte aber nicht gedeutet zu werden braucht.

Ein solcher Erläuterungsversuch aber verlangt, die kategoriale Unterscheidung von „Erklären" und „Begründen" nachzuvollziehen. Rekapitulieren wir die Anstrengung, Martens' Erklärung der Erkenntnisgenese zu diskutieren. Die Prüfung des Für und Wider läuft darauf hinaus, einen Geltungsgrund zu finden, der seinen Erklärungsanspruch legitimiert. Wenn Martens sinngemäß ausführt, dass wir uns teils auf die wirkliche Welt teils auf symbolische Welten deutend beziehen, dass wir uns dann auf diese Deutungen zurück beziehen und so unser Erkennen gleichsam erkennen, dann erklärt er modellhaft den Erkenntnisverlauf mit dem Anspruch, uns Wissen über uns selbst zu liefern. Offensichtlich jedoch ist die gleichsetzende Behauptung, Erkennen sei Deuten, die als angebliches Wissensresultat am Ende eines Aufklärungsprozesses stehen soll, der vorausgesetzte Grund, der den Erklärungswert jener extemporierten Ansicht ausmacht. Die scheinbare Trivialität der Behauptung, die ohne große Mühe herauszulesen ist, sollte uns nicht abhalten, sie als Grundsatz ernst zu nehmen. Dessen Wichtigkeit sehen wir, sobald wir seinen Status überprüfen. Dazu zerlegen wir die obigen Ausführungen in Einzelaussagen, die wir mit dem Wort „und" verbinden.

Diesem parataktischen Gebilde fügen wir wieder mit dem Wort „und“ die Negation der behaupteten Gleichsetzung bei. Als Ergebnis tritt der folgende langweilige und umständliche Satz hervor: Wir beziehen uns deutend auf Welt und wir beugen uns auf diese Deutungen zurück und wir erkennen das Erkennen und Erkennen ist nicht Deuten. So umständlich dieser Satz auch sein mag, so einfach bringt er uns in ein Dilemma. Denn verstehen wir den Satz, verstehen wir seine Aussage nicht. Wir wissen nicht, ob er uns Erkenntnis erklärt oder nicht. Das bedeutet doch wohl, dass die konjunktionale Beiordnung der verneinten Behauptung den Erklärungswert der Gesamtaussage außer Kraft setzt. Gehen wir umgekehrt vor, indem wir statt der Verneinung die bejahte Form der Behauptung mit dem Wort „und“ anfügen, verändert sich der Erklärungsanspruch der Gesamtaussage überhaupt nicht. Er wird nämlich weder verstärkt oder geschwächt noch beseitigt. Der Vorteil unserer Probe liegt darin, auf relativ übersichtliche Weise den Status der Behauptung als Geltungsgrund für Martens Erkenntiserklärung anzuzeigen. Zudem bestätigt sie, dass jede Erklärung, warum alles Erkennen in deutungsmäßigem Zuordnen besteht, die Gleichsetzung von Erkennen und Deuten immer schon voraussetzt.

Obwohl es unangemessen und sicherlich unfair wäre, aus der Diskussion einer kurzen Passage eklatante Widersprüche in Martens‘ philosophisches Gesamtkonzept hineinzulesen, so bemerken wir doch die Gefahr eines Tunnelblicks, der Erkennen, Erklären, Begründen und Verstehen nur mehr vor dem Prospekt eines ziemlich unklaren Deutungsbegriffs sich einsichtig machen kann. Gerade diese Blickverengung führt dazu, Alltagserfahrung mit einer unscharfen Deutungstheorie zu imprägnieren. Dadurch aber wird jene Erfahrung entwertet und ihres Sinnes zu berauben, der doch gerade reflexiv gesichert und offengelegt werden soll. Denn wir sehen ein Klavier und keine Deutung, wir hören den Regen und keine Deutung, wir sind der Meinung, dass der Mensch personale Würde besitzt, werben für diese Ansicht, begründen sie aber erklären sie nicht durch Deutung. Genau dieser Sinn unserer sprachlich erfassten Alltagserfahrungen also verschwindet im Nebel eines aus einem rechenschaftslosen

Deutungsbegriff erzeugten Reflexionspostulats.

Die Ziele philosophischer Reflexion können wir nach Martens in Gestalt eines Bildungsprogramm formulieren, dessen mots reçuès von der „humanen Gestaltung der Lebenswelt“ über die „Reflexion der Erkenntnisperspektiven“ bis zur „Verbesserung der Deutungs- bzw. Urteilskompetenz“ und zum „Erwerb interkultureller Kompetenzen“ reichen. Der Nachteil einer Schlagwortliste besteht darin, dass ihre Worte zwar eine starke Appellationskraft besitzen mögen, aber proteusartig Bedeutungen ändern können, sobald sie ihrer Appellfunktion entblößt werden. Deshalb wollen wir versuchen, den sinnvollen Gebrauch jener Ausdrücke argumentativ zu bezeugen. Da wir das Martenssche Bildungsprogramm als Angabe eines Zielaggregates betrachten, besitzen wir Wahlfreiheit und wir wählen den Ausdruck „Reflexion der Erkenntnisperspektiven“. Ironie liegt nun darin, dass der Ausdruck „Perspektivität des Erkennens“, also ein durch Umformung erzeugter Teilausdruck seine begriffliche Verwendung aushebelt, sofern er nicht mehr als Metapher verstanden sondern zur Fundierung von Erkenntnis herangezogen wird. Der Ausdruck bietet sich mithin zur Demonstration an. Setzen wir also voraus, Erkenntnis sei perspektivisch gebundene Erkenntnis. Sicherlich werden wir dann die Ansicht, alles Erkennen sei perspektivisch, selbst eine Perspektive nennen müssen. Die Gegenansicht, es gebe ein Erkennen, das nicht perspektivisch sei, werden wir unter Maßgabe der Voraussetzung ebenfalls als Perspektive ansprechen. Schließlich können wir die Ansicht, alles Erkennen sei perspektivisch, und die Gegenansicht, es gebe ein nicht perspektivisches Erkennen, verknüpfen und selbst wiederum eine Perspektive nennen. Selbstverständlicherweise haben wir dadurch nicht gezeigt, Erkennen sei perspektivisch oder es sei nicht perspektivisch. Unsere Absicht war es gemäß der Voraussetzung eine dergestaltige Aussage über Perspektivität zu konstruieren, dass wir sagen können, wenigstens eine Perspektive schreibe sich Perspektivität zu und spricht sie sich gleichzeitig ab. Daraus ergibt sich, dass die Behauptung der Perspektivität und das Bestreiten der Perspektivität dasselbe aussagen. Unsere sophistisch anmutende Fingerübung trifft nun ausschließlich die erkenntnistheoretische Aspiration des Ausdrucks. Denn natürlich hat seine metaphorische Verwendung Sinn, allerdings nur im Bezug auf den basso continuo abendländischen Denkens, das in der Aneignung des antiken und christlichen Erbes Erkenntnis als sittlichen Akt betrachtet und das Wissen auf das Gewissen verweist.[29] Der sittlich fundierte Erkenntnisanspruch hält Mitglieder einer universitas litteris zur selbstkritischen Vorsicht gegen eigene Voreingenommenheit an wie zur Duldsamkeit fremder gegenüber. Jener Welt, die selbstkritische Rationalität zu ihrer diskursiven Verlaufsform im Dienst einer gemeinsamen Wahrheitssuche bringt, ist vielleicht nicht der metaphorische Ausdruck „Perspektive“ mit Sicherheit aber die durch angezeigte Haltung eingeschrieben - eine Haltung, die individuelle Erkenntnisverantwortung anmahnt und wechselseitig Versagensentlastung gewährt.

Mag der Ausdruck „Perspektivität“ zwar nur praktisch umschreibbar sein, so scheint doch wenigstens die in diesem Titel umfasste Haltung größtmögliche Nachsicht und Wohlwollen im menschlichen Umgang zu fördern. Eine Anekdote gibt von dieser Einstellung einen unmittelbaren Eindruck. Auf die Frage an einen Gelehrten, wie der kürzlich abgehaltene Disput mit seinen Kollegen verlaufen sei, antwortet jener mit dem Bonmot: „Einigkeit in allen wichtigen Dingen außer den Ansichten.“ Wenn eine solche Haltung, ohne die schon die großen Disputationen des Mittelalters undenkbar gewesen wären, partiell, nämlich innerhalb der Gelehrtenrepublik gelingt, wenn sie im Zuge der Bildung von Verfassungsstaaten sich in der zivilen Verzichtsforderung auf unkalkulierbare ideologische Letztansprüche und interessierte Voreingenommenheit gesamtgesellschaftlich niederschlägt, könnten wir dann nicht durch dieselbe Haltung realistischerweise einen Aufklärungsschub zu mehr Verständnis und Toleranz im Verhältnis grundlegend divergierender kultureller Weltsichten erwarten?

Die Frage enthält hier schon das Problem. Während in den beiden genannten Fällen die historischen Akteure trotz aller Friktion sich auf einen zwar nicht vollständigen,

[29] Im Gegensatz zur geographischen Bezeichnung „Europa“ charakterisiert der Begriff „Abendland“ für uns eine historisch beschreibbare Lebensform.

aber immer noch zureichend großen Kanon geteilter Überzeugungen stützen konnten, dürfen wir im Verhältnis divergierender Kulturen keine oder wenigstens keine hinreichend große Gemeinsamkeit der Überzeugungen voraussetzen. Das Prüfen und Abwägen der Chancen unserer interkulturellen Toleranzerwartung fordert, dass wir divergierende Überzeugungen explizieren und sie perspektivisch in die jeweilige kulturelle Weltsicht einbinden. Wir liefern hier selbstverständlicherweise keine Kultur- oder Gesellschaftstheorie sondern betrachten nur die Auswirkung unseres Denkens auf unser Handeln. Genauer gesagt betrachten wir, welche Folgen die Formulierung von Grundsätzen auf die Rechtfertigung des Handelns besitzt. Den Ausdruck „Kultur“ verwenden wir dabei auf eine sehr weite Weise als ein Sammelbegriff. Er umgreift die von der qualifizierten Mehrheit einer Populationen akzeptierten und gelebten Standards intellektueller Betätigung, der religiösen Verehrung, der Moral, der Kunst, der Wirtschaftsform oder auch der Alltagssitten. Unter diesen Vorbehaltsklauseln beginnen wir ein Gedankenexperiment. Perspektivismus verstehen wir zunächst als eine kulturell offene, pragmatisch definierte Bezeichnung eines Moderationsverfahrens, das die kulturelle Gebundenheit von Überzeugungen anerkennt, mit dem Ziel, interkulturelle Konflikte auf ein verträgliches Maß an Inkompatibilität zu reduzieren. Weiterhin entwickeln wir zwei divergierende kulturelle Weltsichten sozusagen als Großdiarama zur Beobachtung nach festgelegten Bedingungen. Unsere erste Weltsicht wollen wir eine Kultur des autoritären Zwangs nennen. In ihr möge die Ansicht vorherrschen, dass Menschen der absoluten, undurchschaubaren Willkür einer halbanonymen, durch Allonyme zu beschwörenden numinosen Kraft unterworfen sind, deren Tun nicht nach irgendwelchen erfassbaren Kriterien zu verstehen ist, der sie vielmehr kraft irgendeiner ihnen zuteil gewordenen Kundgabe im öffentlichen Vollzug beschwörender Kollektivriten als Knechte unbedingten Gehorsam schulden. Da sich Mitglieder dieser Kultur als Werkzeuge jener Kraft begreifen, besteht ihr Leben im Befolgen von Befehlen, die nach dem Muster von Belohnung und Bestrafung sanktioniert sind. Um die Unterwerfung durch Ausweglosigkeit der Furcht zu optimieren, gilt die Aussicht auf Belohnung nur unter der Einschränkung der Allmacht jener

Kraft.[30] Als Gegenentwurf zu einer Kultur des Zwangs nehmen wir eine uns vertraute Kultur der Freiheit. Das Individuum erfährt in dieser Kultur seine Freiheit, indem es seinem Gewissen verpflichtet sich als Person anerkennt. Die Person handelt somit frei im Verhältnis zu anderen durch selbstkritische Rückbeugung auf den Geltungsanspruch der eigenen Personalität, wodurch sie erst sich selbst und anderen Handlungen zurechnen kann. Freiheit, die dieser Ansicht nach dem Menschen durch Geburt geschenkt wird, macht seine Würde aus. Sie ist in den vielfältigen Formen der Vergesellschaftung und Institutionalisierung zu schützen, weil die Würde des Menschen die absolute Schranke gesetzlicher Gewalt bildet.

Es ist sofort ersichtlich, dass aus solch unterschiedlichen Kulturen unterschiedliche Normenkodizes folgen, die wenigstens zu Teilen in hohem Grade unverträglich sind.[31] Vervollständigen wir nun unser Gedankenexperiment, indem wir einen Teil derjenigen, die unter der Kultur der Freiheit leben, als idealtypische Perspektivisten im oben eingeführten liberal-pragmatischen Sinne bestimmen. Den anderen Teil sollen die von uns so genannten Fundamentalisten stellen, die von der Richtigkeit ihres Kodex und der Überlegenheit ihrer Kultur der Freiheit überzeugt seien. Im Gegensatz zum Fundamentalisten kann der Perspektivist den freiheitlichen Normenkodex nicht als Instanz betrachten, um zu entscheiden, welchem Ansinnen im Konflikt mit der Kultur des Zwangs nachzugeben oder welches abzuweisen ist. Da beide Kodices unter sachlogischem Gesichtspunkt von ihrer jeweiligen Kultur abhängen, zieht der Perspektivist den Schluss, dass beide gleichermaßen gültig sind innerhalb ihrer jeweiligen Kulturen. Während der Fundamentalist die Kulturabhängigkeit seines Kodex vernachlässigen darf, wird genau sie für den Perspektivisten zum Problem. Bei einem interkulturellen Konflikt wird der Fundamentalist nämliche seine Handlungen als

[30]Daraus ergibt sich, dass eine Zwangskultur der beschriebenen Art Praxis im Sinne verantworteter Taten nicht kennt. Vielmehr regredieren wenigstens deren elitäre Kernscharen zu einem Typus, dessen Verhalten konditioniert und deshalb hinreichend genau vorhersagbar ist.

[31]Die Simulation unverträglicher Kodizes ist in unserem Experiment erforderlich, um die Unterschiede zwischen der agentenneutralen, zieldefiniten Ethik der Zwangskultur und der agentenrelativen Ethik der freiheitlichen Kultur, die zieldefinite und zielbestimmende Momente im Begriff einer vernünftigen Praxis zusammenführt, zu verdeutlichen.

Durchsetzung oder Verteidigung eines ethischen Minimums mit Berufung auf den Normenkodex seiner freiheitlichen Kultur rechtfertigen. Seine Handlungsrechtfertigung liefert somit gleichzeitig den Maßstab, an dem seine Handlungen normativ zu messen sind. Der Perspektivist hingegen wird seine Handlungen ausschließlich an dem Ziel pragmatischer Konfliktbewältigung orientieren können. Er kann seine Handlungen nur mehr als erforderliche Mittel zur Erreichung des erstrebten Zweckes verteidigen. Da die Beschreibung einer Zweck-Mittel-Relation nicht mit einer normativen Rechtfertigung zusammenfällt, ist der Perspektivist in einem Dilemma. Bekennt er sich zur ethischen Zufälligkeit seiner Handlungen, insofern sie je nach Umstände durch die Erfolgsaussichten diktiert sind, dann enttäuscht er die Erwartungen einer freiheitlichen Kultur an die aus selbstkritischer Rationalität erreichten Standards normativer Rechtfertigung. Die Alternative jedoch, sein Handlungsziel aus irgendeiner Norm des freiheitlichen Kodex zu begründen, die als Generalnorm alle konkurrierenden Normen verdrängen müsste, ist mit einem Verlust der Stimmigkeit seiner perspektivischen Überzeugung und seiner Glaubwürdigkeit bestraft.

Will der Perspektivist seine Ansicht nicht aufgeben aber seine Glaubwürdigkeit unter den Bedingungen unserer Laborwelt, in der Täuschung unzulässig ist, bewahren, so bleibt ihm die Möglichkeit seine pragmatische Sichtweise axiomatisch zu unterlegen. Er könnte etwa behaupten, perspektivische Gebundenheit menschlichen Erkennens sei eine anthropologische Konstante. Die Varietät kultureller Sichtweisen wäre demnach aus historischen, sozialen oder wirtschaftlichen Ursachen erklärlich. Dieser Erklärungsversuch impliziert weiterhin, dass verschiedene Normenkodices von verschiedenen kulturellen Weltsichten erzeugt werden. Gemäß dieser Annahmen betätigt also ein Mitglied der freiheitlichen Kultur ein kulturverursachtes Vorurteil, wenn es ein Mitglied der Zwangskultur wie eine Person und nicht wie ein Exemplar oder Vertreter eines fremden Lebenskreises gemäß der dort geltenden Normen behandelt. Wird es aber nicht wie eine Person behandelt, dann verstößt das Mitglied der freiheitlichen Kultur gegen das Vorurteilsverbot seines Kodex, der die personale Abschattung eines anderen als eine sittlich ungedeckte Voreingenommenheit ablehnt. Diese axiomatische Unterfütterung des Perspektivismus importiert mithin einen Zielkonflikt zwischen Erkenntnisintention und Rechtfertigungsanspruch. Denn beides ist nicht zur Deckung zu bringen, vielmehr erzeugt deren gleichzeitige Verfolgung eine moralische Antinomie. Da in einer freiheitlichen Kultur die Entsprechung von Denken und Handeln die Verlässlichkeit der Praxis ausmacht, die sich in der Durchdringung des gemeinschaftlichen Lebens durch rationale Standards der Rechtfertigung im Sinne der Handlungszurechnung bildet, muss unser rühriger Perspektivist seinen axiomatisch unterlegten Erkenntnisanspruch zusätzlich noch sittlich kodifizieren. Dazu verfügt er unserer Kenntnis nach über zwei Redefiguren, die auch der Kombination fähig sind. Er kann einerseits behaupten, eine Weiterentwicklung des freiheitlichen Kodex zu beabsichtigen, oder andererseits den freiheitlichen Kodex als kulturell verursachte Ausprägung eines zukünftigen Menschheitskodex darstellen. Unabhängig von seiner faktischen Wahl mutet er immer den Mitgliedern seiner freiheitlichen Kultur einen Praxisverzicht zu. Denn sie müssten ihre Entscheidungen suspendieren im Vertrauen entweder auf das Urteil von Experten, die einen privilegierten Erkenntniszugang zur Zukunft hätten, oder auf die Integrität moralischer Champions, die Propheten eines Menschheitskodex wären. Doch selbst wenn dieser neue Kodex in unserem Experiment ausformuliert werden könnte, hätte er Antwort zu geben auf die Frage, ob die Mitglieder der freiheitlichen Kultur gefordert sind, auch Mitglieder der Zwangskultur als Personen zu betrachten, deren Würde darin besteht, individuelle Freiheit zu leben, oder nicht. Fordert der neue Kodex dies, ist seine Dekretierung schlechterdings abundant, da er keinen Fortschritt oder etwas Neues zum alten freiheitlichen Kodex bringt. Verbietet er dies hingegen, so löst er praktische Vernunft auf und gibt Handlungsrechtfertigungen dem Zufall der Geburt und der historischen oder gesellschaftlichen Umstände anheim.

Bei der Auswertung unseres Gedankenexperiments fällt sofort auf, dass eine perspektivische Reflexion der Grundlagen einer freiheitlichen Kultur, die den Rechtfertigungsrahmen für Handlungen und damit Praxis konstituieren, die an sie gestellten Erwartungen eines Aufklärungsschubes nicht erfüllt. Ihr Erkenntnisanspruch, den Entscheidungsraum durch Reflexion auf kulturbezogene Handlungsvoraussetzungen durchsichtig zu erklären, bringt keinen Begründungszuwachs, der zu einer vernünftigeren Handlungsrechtfertigung verwertbar wäre. Tatsächlich verlangt eine freiheitliche Kultur von ihren Mitgliedern einen hohen Grad an Bereitschaft zu reflexiver Selbsterkenntnis, die sich in abwägender Selbstbeobachtung des Handelnden verwirklicht. Warum aber versagt dann in unserem Experiment eine kulturkritisch inspirierte Reflexion dieser kulturimmanenten Reflexion zu Aufklärungszwecken? Der Grund mag darin liegen, dass die Reflexion der Reflexion nicht durchschaut, inwieweit sie das Erbe der abendländischen, beileibe nicht eindeutigen sondern zwiefältigen Vernunftsauffassung voraussetzt, die Vernunft einerseits als Organ der Wahrheit und andererseits als Inbegriff methodischen Verfahrens versteht. Beide Aspekte dieser Vernunftsauffassung betont die perspektivische Reflexion in ihrer Aufklärungsabsicht jeweils unterschiedlich und erzeugt Unverträglichkeiten, indem sie die Teile gegen das Ganze ausspielt. Eine Reflexion kulturbedingter Perspektivität mit rückwirkenden Erklärungserwartungen verkennt also, dass sie sich als Vernunftsanwendung eben jener Vernunftsauffassung verdankt. Die Überzeugung, jedem Menschen eigne Würde, ist daher nicht mehr vernünftig erklärbar, da sie das grundlegende Maß der Vernunftsanwendung darstellt. Ergänzt wird sie durch die Komplementärüberzeugung, jeder Mensch verwirkliche seine Würde in selbstverantwortlichem Tun. Dies schließt die Warnung ein, dass kein Mensch freiwillig oder gezwungen auf die seinem personalen Gewissen verantwortete Freiheit verzichten kann, ohne seiner Menschlichkeit zu verlieren. Während die Universalität der Würde die wesenhafte Gleichheit aller Menschen feststellt und schützt, forciert der zieldefinierende Selbstverantwortungsanspruch die individuelle Verschiedenheit unter den Menschen. Das Verhältnis beider kann nur mehr in dem Paradoxon ausgedrückt werden, dass individuelle Verschiedenheit die Wirklichkeit menschlicher Gleichheit ist. Die begriffliche Distraktion von Gleichheit und Verschiedenheit lässt sich ihrerseits kaum nach einem abstrakten

Schema klassifizieren und so unter einen Begriff bringen. Jenes Paradoxon wird bloß in praxi aufgelöst. Deshalb ist es wichtig, die geschichtlichen Ereignisse der Freiheit in Nacherzählungen zu umschreiben, anhand von Vorbildern zu erläutern, um sich der eigenen Freiheit durch Erinnerung zu vergewissern. Auf diese Weise entschlüsselt ethische Selbstgewissheit Freiheit als Konstituens der Praxis und verarbeitet Kontingenzen, indem sie ethisch indifferente Aktionen oder Reaktionen auf Umweltereignisse in individuell zurechenbare, intentionale Handlungen überführt. Einerseits steigert jene Gewissheit die Erwartung, vermittels selbstkritischer Erwägungen Motive und Ursachen des eigenen Verhaltens zu durchschauen. Andererseits unterstützt sie das Bemühen um Selbstkorrektur. So liegt hier auch der Ort für den altfränkisch klingenden Begriff einer Schuld, die nichts anderes als Vergebung erhoffen darf, weil sie die Erfahrung birgt, hinter der Fülle des eigenen Menschseins zurückzubleiben. Im Gegenspiel von Freiheits- und Schuldbewusstsein entfaltet sich erst die konkrete Würde und damit das individuierte Wesen des jeweils Einzelnen.

Bei Betrachtung jenes Bildungsprogramms, das nach Martens im Philosophieren mit Kindern Gestalt gewinnt, drängt sich letztlich der Eindruck auf, dessen Aufklärungsemphase laufe ins Leere. Wohl vermag dies Programm mit breiten Strichen das Ideal einer goldenen pädagogischen Zukunft zu malen, das die Kluft zwischen Verfügungs- und Orientierungswissen überbrückt, indem das Philosophieren mit Kindern als historische Erfüllung des Aufklärungsauftrags transitive Wissensvermittlung und reflexive Persönlichkeitsbildung ineinander fließen lasse.[32] Zugleich jedoch weist, wie wir uns überzeugen konnten, das Konzept selbst, dem dies Bildungsprogramm entspringt, eine nicht unproblematische Unschärfe des begrifflichen Apparates auf. Daher melden sich Zweifel an, ob es überhaupt in philosophischem Sinne erläuterbar ist. Der Gestus avancierten Bewusstseins, der Sukkurs aus dem moralischen Aufklärungspostulat Kants und der platonischen Dramaturgie vernünftiger Selbstfindung ziehen will,

---

[32] Zum angeborenen erzieherischen Drang der Aufklärung vgl. Karlheinz Stierles Bemerkungen im Vorwort zu Voltaires Diktionär, in: Voltaire, Philosophisches Wörterbuch, Hg. Karlheinz Stierles, Frankfurt [1]1985, S. 11 – 41, S. 12f.

legt keine begrifflich nachvollziehbare Argumentationsschneise durch eine Motivlage, deren wuchernden Erwartungen und Hoffnungen aus dem angeblichen Vermögen der Philosophie zu einer Sinn- und Wertestiftung hervortreiben.[33] Eben damit aber regrediert Philosophie dergestalt zum bloßen Instrument, dass die Kontinuität einer in abendländischer Vernunftsauffassung verankerten Bereitschaft zur Selbstkritik der nur mehr durch irgendwelche Motivlagen verursachten Erzeugung von Sinn- und Werteinheiten geopfert wird. Ist es hingegen zutreffend, dass unser freiheitliches Menschenbild im Zeugma von allgemeiner Gleichheit und individueller Verschiedenheit ruht, dann sollte dessen semantische Geschichte aus der Entfaltung abendländischer Vernunftsauffassung beschrieben und vor allem erläutert werden. Drei Momente scheinen dabei den Rahmen ihrer Entfaltung abzustecken. Erstens bleibt Erkennen auf den Erkennenden zurück bezogen. Danach können wir Welt nur erkennen, wenn wir uns klarmachen, wie und warum wir erkennen. Dies schließt ein, die Stellung und das Wesen des Erkennenden zu erwägen und zu begründen. Soll dieser Rückbezug in weitestem Sinne Selbsterkenntnis genannt werden, so verweisen Selbsterkenntnis und Welterkenntnis wechselseitig auf einander. Zweitens begründet sich Praxis aus personalem Selbstverständnis, das Vernunft als Organ der Wahrheit im individuellen Gewissen verankert. Die Schulung und Betätigung des Gewissens vollziehen den performativen Aufbau der singulären, jeweils eigenen Person. Darin manifestiert sich ein Bildungsdenken, das von vornherein reflexive Selbstbildung und transitive Ausbildung in mundanen Fertigkeiten verkoppelt. Drittens erklärt Philosophie nicht Welt. Sie ist daher keine Wissenschaft nach neuzeitlichem Verständnis, vielmehr betrachtet und bewertet sie Argumentationsfiguren hinsichtlich ihrer Geltung. Eben so wenig ist Philosophie eine Selbsterlösungstechnik, die in einer diffusen Ganzheit die Last der Individuierung auslöscht. Indem jene Vernunftsauffassung das Individuum zum Vernunftszweck deklariert, erfährt es die absolute Geltung der Vernunft, was nichts anderes heißt als ihre Unabhängigkeit von Erklärungen und ihre Unhinterfragbarkeit

[33] Vgl. Martens, Kulturtechnik, S. 16; als weiteres Beispiel sei auf Detlef Horsters Bemerkung hingewiesen, dass die Aufgabe der Philosophie in der dialogischen Ausbeutung der knapper werdenden „Ressource Sinn“ bestehe; in: derselbe, Philosophieren mit Kindern, 0pladen, 1992, S. 28.

durch Erklärungen. Dieses Scheitern der Letzterklärungsansprüche verlangt den Unterschied von universeller Wesensgleichheit und individueller Verschiedenheit als grundlegende Leitdifferenz des Vernunftsgebrauchs zu integrieren und anhand des Vernunftsgebrauchs aufzuweisen. Philosophieren kann somit zu einem Vorbild gelingender Praxis werden, die angemessen und begründet zu unterscheiden gelernt hat.

Wie wir beobachten konnten, wirft die Untersuchung, was Philosophie bedeute, immer neue Fragen auf und gestaltet sich insgesamt recht schwierig. Aufgrund dieser unbefriedigenden Situation stehen wir einer Einbindung der Philosophie in den Schulbetrieb als Unterrichtsfach oder als Unterrichtsprinzip mit einiger Reserve gegenüber. Zum einen vermissen wir hier die Freiwilligkeit. Nüchtern betrachtet dürfte zum anderen das von Beginn jeder Schulkarriere an eingeschliffene Input-Output-Schema, auf dem, wie jeder Schüler weiß, Leistungsmessung basiert, die Bereitschaft zu philosophischen Gesprächen kaum fördern. Auch wenn der Abstand zwischen Schulerfahrung und Dialogerwartung durch Bemühungen der Lehrenden unter Schulbedingungen überbrückt werden könnte, teilen wir keinesfalls einen Optimismus, der Philosophie – besser ein lehrplanmäßig gefiltertes Verständnis von Philosophie – zu Kompetenzertüchtigungszwecken instrumentalisiert, um sie im Rahmen pädagogisierender Krisenbewältigung der Vorstellung einer nachholenden Sozialisation oder Inkulturation durch die Institution Schule dienen zu lassen. Sicherlich können wir davon ausgehen, dass Philosophie eine kulturelle Errungenschaft ist, solange wir beachten, dass sie den Charakter eines Kulturproduktes immer schon übersteigt, weil ihr Geltungsanspruch durch kulturelle Genese nicht erklärt wird. Kehren wir das Verhältnis um, vereinfacht sich die Situation auch nicht. Denn der Versuch einer Veränderung der Welt nach dem Ebenbilde eines sich philosophisch gerierenden Denkens entgeht kaum dem unabweisbaren Ideologieverdacht. In dieser undurchsichtigen Lage steht gemäß praktischer Klugheit Zurückhaltung an, um sich nicht von unscharfen Verbesserungsprojekten in Anspruch nehmen zu lassen, zumal da der wenig ruhmreiche Ausgang der Fahrt nach Syrakus zu den Urerfahrungen der Philosophie zählt.

Welchen Nutzen aber hat nun Philosophie? So gefragt erwidern wir, sie hat gar keinen. Dieses frivol erscheinende Bekenntnis ist beileibe keine Provokation sondern das Ergebnis philosophischer Überlegungen.[34] Eine solch verspielte und selbstgenügsame Unternehmung des Geistes, die keinerlei gradlinige und zielbewusste Ernsthaftigkeit outriert, um sich selbst anzupreisen, müsste ihre Erfolgschancen doch schon längst verspielt haben, wenn vielleicht das aristotelische Diktum, es sei eines freien Menschen unwürdig, ausschließlich sich mit dem Nützlichen zu beschäftigen, nicht wenigstens doch ein Gran Wahrheit enthielte; eine Wahrheit, die zudem für uns zwei Vorteile birgt. Einerseits schützt sie uns vor Relevanzkontrolle[35], die geistige Tätigkeit aus ihrem prospektiv verwertbaren Ertrag legitimiert. Andererseits schenkt sie uns die Freiheit, die Bestimmungshoheit über Philosophie aus ihrem eigenen Anspruch heraus auszuüben, so dass wir nach immanenten Kriterien festlegen dürfen, was wir unter Philosophieren mit Kindern und Jugendlichen verstehen. Unserer Ansicht nach mag es als eine Propädeutik im Denken angesehen werden. Wahrscheinlich ist es nicht so, dass Kinder und Jugendliche nicht reichlich Einfälle, Gedanken, Ideen und Urteile über sich selbst, die Welt und alles Andere hätten. Allerdings vermögen sie wie auch die übergroße Mehrzahl der Erwachsenen in der Regel damit nicht auf eine Weise umzugehen, die es ihnen gestattet, Erfahrungen über sich selbst zu gewinnen. Indem beim gemeinsamen Philosophieren die Urteile, Einfälle und Gedanken der Kinder und Jugendlichen zu den großen und kleinen Weltfragen betrachtet, untersucht und bewertet werden, könnte es in diesem Prozess, auch wenn er die anfänglich kundgegebenen Positionen im Ergebnis nicht verändert, eine Selbsterfahrung restituieren, die nicht soweit unter dem Konventionalitätsdruck einer instrumentell fixierten Wirklichkeitswahrnehmung erstarrt, dass sie jeden differenten und damit besonderten Gedanken unterschiedslos zum Material erkenntnistechnischer Verarbeitung präformiert. Die verfahrensrationale Zurichtung des Denkens muss sich unempfindlich ma-

[34]Vgl. Aristoteles, Metaphysik 982 b 20.

[35]Diesen Ausdruck benutzt Hermann Lübbe zur Verteidigung theoretischer Neugier, die durch das postaufklärerische Auseinandertreten von Theorie und Praxis wachsender Delegitimation ausgesetzt sei; in: ders. Philosophie nach der Aufklärung. Von der Notwendigkeit pragmatischer Vernunft, Düsseldorf 1980, S. 52.

chen gegen die Sprödigkeit ihres gedanklichen Stoffes, damit er als fungibler Teil ihrer Bearbeitung zugänglich wird. Gleichzeitig aber muss die Mediatisierung des Denkens zu einem selbsttätigen Werkzeug sich von ihrem Denkmaterial sondern. Instrumentalisierung schneidet damit den Begriff von seiner Erfahrung im Denken ab und reduziert ihn auf eine Chiffre, die jetzt erst zu beliebigen Zielen nach beliebigen praktischen oder theoretischen Vorstellungen manipulierbar ist. Ohne das Diktat der technischer Herstellbarkeit zu durchschauen, verläuft sich ein reflexiver Selbsterkenntnisanspruch in dem Versuch einer rekursiven Anwendung jener Wirklichkeitswahrnehmung auf sich selbst, einem Versuch, der bloß die vorreflexiv ratifizierte Anmessung an den unter den Bedingungen verselbstständigter Verfahrensrationalität einzig noch artikulierbaren Zweck totaler Fungibilität widerspiegelt.[36] Sofern diese Selbstanwendung beansprucht, philosophisch das Ganze der Vernunft aufgeklärt zu haben, und sich zugleich alleine aus ihrem Erfolg vergewissern kann, muss Vernunft vollständig funktional erklärt werden. Indem sich also die rekursiv vergewisserte Verfahrensform zum Erkenntnisinhalt verkapselt, ist ihr philosophische Anspruch aus der Praxis der Vernunft nicht mehr nach einsichtigen Gründen zu rechtfertigen, sondern nur mehr im Sinne einer verallgemeinerten Erwartung an die Wirksamkeit der Anwendung geregelter, technisch abbildbarer Prozesse zu erklären, wobei jene Erwartung sich durch psychologische, soziologische, neurobiologische, evolutions- oder kulturtheoretische Deutungen des menschlichen Wesens stabilisieren soll. Tatsächlich zersetzt der Verlust absoluter Vernunftsgeltung die Kohärenz abendländischer Vernunftsauffassung und erzeugt ohne philosophisches Bewusstsein der eigenen Wirkung eben durch Spiegelung einer aufs Funktionale beschränkten Wirklichkeitswahrnehmung begriffliche Unschärfen, die auf Abgleichung des personalen Selbstverständnisses, also des integralen Kerns der Vernunftspraxis mit den Instrumentalisierungszwecken jener Wahrnehmung gerichtet sind. Wenn irgend die propädeutische Aufgabe des Philoso-

[36]Vgl. Theodor W. Adorno, Erziehung zur Mündigkeit, Hg. G. Kaulbach, Frankfurt/Main 1971, S. 108f u. 115; Adornos ideologiekritischer Impuls erkennt hier ein Reflexionsdefizit. Uns wäre wichtiger, den Ausgangspunkt einer dialektischen Vernunftserzeugung erklärt zu bekommen, der die psychische Genese des Bewußtseins aus dem Antagonismus von Realistätsanpassung und Ich-Bildung durch Reflexion in bewusste Autonomie umschlagen lassen will.

phierens mit Kindern und Jugendlichen in der Ermöglichung personaler Selbsterfahrung liegen soll, müsste sie die Geltung der Vernunft als kritische Instanz ihrer eigenen Praxis bewahren und könnte so auch langfristig Gelegenheiten bieten, Vernunft in ihrem Gebrauche sich individuieren zu lassen und damit letztlich erst vernünftig zu machen. Unter diesem Gesichtspunkt darf Denken ein Abenteuer genannt werden, das dem Zerfall der Welt- und Selbsterfahrung zum stereotypisierten Bewusstseinsreflex entgegenläuft, Denk- und Handlungsrezepte zu erwarten. In der Lust an diesem Abenteuer mag ein Sinn der Philosophie heute liegen.

Die Entstehung der Welt

Die Unterrichtseinheit unter der Leitfrage „Wie ist die Welt entstanden?“ wurde mit Grundschülern abgehalten, die im Rahmen eines privaten Förderprojektes ihre erste Begegnung mit Philosophie erleben sollten. Aufgrund der selbstbestimmten äußeren Umstände bot die Ausgangssituation nahezu optimale Gesprächsbedingungen. Maximal fünf Personen einschließlich Lehrer nahmen an den wöchentlichen, jeweils einstündigen Sitzungen teil, so dass schon der Umfang der Gruppe eine intensive Arbeit in und mit ihr gewährleistete. Zudem war die Motivation der Kinder hoch, da sie Philosophie unter verschiedenen Förderangeboten freiwillig wählen konnten. Anfänglich bestanden Befürchtungen wegen der nicht homogenen Alterstruktur der Gruppe. Das Alter der Kinder lag zwischen sieben und neun Jahren. Doch fing der Gruppenbildungsprozess weitgehend die altersbedingten kognitiven Entwicklungsdifferenzen auf und gab einer offenen Identifikation Raum, die sich nicht über Konkurrenzmotive und Rangordnung exklusiv definierte sondern sich im Wechselspiel begründeter Rede und Gegenrede zu einem kommunikativen Verfahren der Rechtfertigung stabilisierte.

Da kein Curriculum den Kindern vorgegeben werden sollte, musste in der ersten Sitzung erst einmal die Vormeinungen und Ansichten der Kinder über Philosophie gesammelt werden, um Anknüpfungspunkte zu finden. Schnell schälte sich heraus, dass nach dem Verständnis der Kinder Philosophie irgendetwas mit Wissen zu tun habe. Obwohl die Kinder Philosophie in der Weise bestimmten, dass sie nicht mit dem Alltagswissen zusammenfalle, wobei in den Augen der Kinder Philosophie fast den Status einer Geheimwissenschaft annahm, konnten sie natürlich keine thematische oder methodische Auszeichnung philosophischen Wissens vornehmen, die auf Rückfragen standhielt. Da sich die Spezifikation philosophischen Wissens durch die Was-Frage als Sackgasse erwiesen hatte und die Diskussion über eine klassifikatorische Bestimmung der Philosophie ins Leere lief, musste der Rekurs auf das Nichtwissen angeregt werden, um dessen Gründe zu erwägen und zu reflektieren. Dadurch verschob sich der Akzent der Diskussion auf die Art und Weise des Wissenserwerbs. Der pragmatische Charakter des Wissenserwerbs in Fragen und Antworten war den Kindern durch Schulunterricht hinlänglich vertraut. Nun hatten sie aber in der vorangegangenen Diskussion gelernt, dass offensichtlich nicht jede Frage zu einer Antwort führt, die gegen Einwände verteidigt und der somit Wissensstatus zuerkannt werden kann. Dieses Dilemma brachte die Kinder zum einen zu der Überlegung, ob es nicht ein Verfahren gebe, mit dessen Hilfe man Antworten so liefern könne, dass sie gegen Widerlegungen immun seien, zum anderen zu der Forderung nach dem Identitätsprinzip als semantisches Kriterium des Wissens. Gerade dieser letzte Punkt wurde ohne Debatte akzeptiert. Den Kindern schien es nämlich selbstverständlich, dass durch Alltagserfahrungen evozierte Erwartungen Fragestellungen leiten. Auf die Provokation, wie es sich dann mit Zauberei verhalte, reagierten die Kinder spontan mit Ablehnung. Durch Nachfragen explizierten sie dann ihre intuitive Ablehnung der Möglichkeit von Zauberei in Argumenten, die sowohl die Konstitution von Alltagserfahrung als auch den Unterschied zwischen numerischer und qualitativer Identität berücksichtigten. Die Kinder erläuterten nämlich am Beispiel der plötzlichen Verwandlung des Tisches, an dem sie saßen, in ein Krokodil, dass die willkürliche und instantane Verwandlung eines Gegenstandes durch Zauberei die Bildung von Alltagserfahrung, die ja auf einer gewissen Regelmäßigkeit und Gleichförmigkeit fuße, nicht zulasse. Außerdem sei es schwierig, so argumentierten die Kinder weiter, einem Ding, bei dem wegen der Zauberei die Möglichkeit besteht, dass es jederzeit etwas anderes werden kann als es ist, Eigenschaften zuzuordnen oder überhaupt noch von einem Ding zu sprechen.

Nachdem die Bedingungen des Wissenserwerbs erörtert waren, sollte zum Abschluss jedes Kind eine Frage niederschreiben, die es besonders bewegte. Es tauchten die Fragen auf: „Wie ist die Welt entstanden?“, „Wie können wir etwas erkennen?“, „Gibt es Gott?“ und „Was ist Leben?“. Die Kinder sollten sich in der zweiten Sitzung mehrheitlich für eine der Fragen entscheiden, um anhand dieser Frage ausprobieren zu können, ob und inwieweit sie philosophisch zu klären ist. Obwohl die Kinder sich auf eine der Fragen festzulegen hatten, empfahl es sich alle Fragen auf irgendeine Weise zu archivieren, um die Bedeutung des Fragens für die Teilnehmer zu betonen und längerfristig ein Netzwerk thematisch miteinander verknüpfbarer Fragekomplexe aufzubauen. Die Kinder hatten den Gedanken, einen Planeten zu basteln und dort ihre Fragen aufzubewahren. Sie organisierten die Arbeit unter sich. Der eine sollte aus blauem Pappkarton eine kreisrunde Fläche mit etwa 30 cm Durchmesser ausschneiden, andere sollten aus andersfarbigen Kartons Kontinente und Bäume herstellen. Die Teile wurden zu Beginn der nächsten Sitzung zusammengefügt. Zudem wurden in den Planeten auch Klapptürchen geschnitten werden, hinter denen die Zettel mit den Fragen befestigt waren. Mit der Begründung, dass man ja ziemlich viel wisse, wenn die Fragen beantwortet seien, tauften die Kinder tauften ihr Bastelwerk „Planet des Wissens“. Tatsächlich begleitete der „Planet des Wissens“ alle weiteren Sitzungen. Es entwickelte sich sogar beinahe ein Ritual daraus, zu Beginn jeder Sitzung den Planeten an die Wand zu hängen und am Ende abzunehmen.

Als problematisch stellten sich die verschiedenen Rollenaspekte heraus, denen der Lehrer im Philosophieunterricht mit Kindern im Grundschulalter in methodischer Hinsicht zu entsprechen hatte. Erstens musste der Unterrichtende als Moderator der Diskussion unter den Kindern fungieren, ohne aufgrund des Kenntnisstandes und des Alters allzu sehr als spiritus rector in den Vordergrund treten zu dürfen, was im Hinblick auf die Verlaufs- und Ergebnisoffenheit der Diskussion für die Entwicklung der Argumentationsfähigkeiten kontraproduktiv gewesen wäre. Zweitens war er Ansprechpartner der Kinder und trugt als Übersetzer abstrakter Sachverhalte Sorge um deren kindgerechte inhaltliche Einspeisung ins Gespräch. Drittens war er gleichzeitig Diskussionsteilnehmer, der sich auch mit Rücksicht auf das eigene philosophische Selbstverständnis nicht als autoritative Instanz, die für den Wahrheitsgehalt der inhaltlichen Vorgaben einstand und definitiv über der Richtigkeit angebotener Lösungsversuche entschied, institutionalisieren durfte. Zur Entzerrung der kollidierenden Rollenaspekte empfahl sich die Modifikation des literarischen Mittels der Briefform.

Briefpartner der Kinder war ein Zwerg, der über die philosophischen Ansichten, Meinungen und Vorstellungen der Bewohner, die seinen Wald bevölkerten, berichtete, sie kritisierte oder die Kinder um Rat fragte. Gewährsmänner der inhaltlichen Vorgaben waren somit Dritte aus der Personage der Waldbewohnern. Zudem war der Zwerg gleichberechtigt, da er sich durch keinen Wissensvorsprung vor den Kindern auszeichnete. Dadurch konnte die Sitzungsabläufe auf eine Weise beeinflusst werden, die weitgehend die Lehrerrolle während der Sitzungen neutralisierte. Denn obwohl die Kinder wussten, dass der Zwerg und seine Welt eine Erfindung sind, betrachteten sie die Briefe als integralen Bestandteil eines Spiels ihrer Philosophiegruppe, in das der Unterrichtende insoweit einbezogen war, als er sich daran durch Diskussionsbeiträge und Fragen beteiligen konnte. Wie selbstverständlich griffen die Kinder die Anregungen und Argumente des ersten Zwergenbriefes auf und diskutierten sie. Am Ende dieser Sitzung sollten die Kinder dem Zwerg einen Antwortbrief schreiben. Mit Rücksicht auf die unterschiedliche Schreib- und Lesekompetenz wurde dieser Brief zum Zwecke der Gruppenbindung gemeinsam von den Kinder ohne Hilfe des Unterrichtenden verfasst und geschrieben. Daraus entfaltete sich dann während des Kurses eine lebhafte Korrespondenz zwischen den Kindern und dem Zwerg.

Insgesamt bündelte die vorgestellte Briefform vielfältige Vorteile und begegnete damit den methodischen Schwierigkeiten eines Philosophieunterrichtes für Grundschulkinder. Die Situierung unterschiedlicher philosophischer Ansätze durch fiktionale Übersetzung in Episoden, die in einem überschaubaren sozialen Kosmos verankert sind, und die sich aus der Personifikation konfligierender philosophischer Ansätze ergebende Dramatisierung möglicher Argumentationsverläufe senkten für die Kinder die Zugangsschwelle zu hoch abstrakten Sachverhalten. Indem den Kindern ein gleichberechtigter Partner, der ihr Bedürfnis nach Antworten auf ihre Fragen widerspiegelte, in den Briefen entgegentrat und ihnen philosophische Antworten in märchenartig verfremdeter Gestalt anbot, erfuhren sie keine Sachbelehrungen sondern kamen unmittelbar in ein philosophisches Tun, da sie sich von ihrem fiktiven Brieffreund aufgerufen fühlten, diese Positionen natürlich nach Maßgabe ihres Entwicklungsstandes zu überprüfen und zu bewerten. Dem Unterrichtenden gestattete die Briefform eine kontrollierte, metakommunikativ gesicherte Entzerrung der kollidierenden Rollenaspekte. Die Kinder erkannten insofern genau, wann ein Erwachsener Mitspieler im Diskussionsspiel war, als sie nämlich im Gegenzuge je nach Stärke der Spielstörungen den erwachsenen Moderator oder Schiedsrichter einforderten. Schließlich lieferten die Antwortbriefe der Kinder dem Unterrichtenden das nötige textgestützte Feedback, um zu beurteilen, ob seine Darstellung philosophischer Positionen kindgerecht gelungen war oder ob sie in Ton und Inhalt angemessener gestaltet werden musste.

Didaktisch war es für die philosophisch adäquate Beschäftigung mit dem von den Kindern gewählten Thema wichtig, eine Repetierung und Referierung populärwissenschaftlicher Ansichten zu verhindern. Ziel musste es sein, die Reflexion der Fragestellung in Hinblick auf die Begründbarkeit von Aussagen zu ermöglichen. Die Erkundung von Argumentationsfiguren, der Rückgang auf Prämissen und die Abwägung ihres Erkenntniswertes sollten die Kinder mit der eigentlichen Domäne der Philosophie vertraut machen. Die didaktische Integration des philosophischen Zweifels an den eigenen Lösungsvorschlägen gelang durch den Einstieg vermittels der Ionischen Naturphilosophie und ihren halbmythischen Spekulationen. Im Gespräch mit den Kindern konnte die zwar philosophiegeschichtlich längst geleistete Überprüfung und Erprobung ihrer voraussetzungslosen, d.h. nicht theorieselektierten Antworten auf die Frage nach der Entstehung der Welt noch einmal kritisch nachvollzogen werden, um die Grundbegriffe einer vernünftigen Weltauslegung zu erarbeiten.

Der Urstoff

Der erste Brief überführte die Frage „Wie ist die Welt entstanden?“ in die Frage „Woraus besteht die Welt?“. Die Kinder sollten lernen, dass die begriffliche Rekonstruktion der Weltgenese eine Reduktion der Varietät der Weltdinge nahe legt. Mit der Aussage des Thales von Milet, Wasser sei der Urstoff, wird ein Substrat gleichsam naiv eingeführt, ohne die argumentationstechnischen Implikationen dieser Rückführung vorwegzunehmen, insofern sie nämlich nicht zwischen dem identischer Träger und der Ursache der Veränderungen unterscheidet. Obwohl dadurch die die begriffliche Rekonstruktion der Weltentstehung in eine ontologische Spekulation über das Sein der Welt überführt wird, erlaubt gerade die Unschärfe dieser Spekulation den Kindern, das Reduktionsargumentes und ihre Alltagserfahrung engzuführen.

Ein Zettel mit dem Zitat in griechischen Majuskeln wurde gegen Ende der zweiten Sitzung an dem „Planet des Wissens“ befestigt. Zwar konnten die Kinder keine griechischen Buchstaben lesen, jedoch vermuteten sie, dass der Zettel nicht bloß ornamentale Aufgaben habe, sondern bedeutungsgeladene Zeichen enthalte. Gegeben wurde ihnen allerdings die deutsche Version des Zitates und einige Erläuterungen zur Person des Thales von Milet. Auf diese Weise konnte der Zettel Aufhänger des ersten Briefes an die Kinder und seine Aussage das Initial für die Diskussion in der folgenden Sitzung werden.

Liebe Kinder,

zuerst möchte ich mich vorstellen. Ich bin Zimperlibim. Ich bin ein Zwerg, vielleicht etwas klein, aber von wachem Zwergenverstand. Gestern habe ich einen Ausflug zu Eurem Planeten des Wissens gemacht. Selbst hier im Wald haben wir davon gehört und ich war neugierig. Der Planet gefällt mir. Besonders gut finde ich die Palme, unter der ich mich nach meinen Er-

kundungen ausruhen konnte. Doch ich verstehe nicht, warum Ihr ihn Planet des Wissens genannt habt. Denn ich habe nur Fragen gefunden.

Über die Frage „Wie ist die Welt entstanden?" habe ich lange nachgedacht. Zunächst habe ich ja gedacht, die Frage sei blöd. Wie soll ich das denn herausfinden? Dann aber fiel mir ein, dass die Welt aus irgendetwas bestehen muss. Deshalb könnte ich zuerst einmal fragen, woraus die Welt entstanden ist. Zwar kann ich sie nicht zerlegen. Dazu bin ich viel zu klein. Ich kann aber Dinge zerlegen, die in der Welt sind und die ich kenne.

Woran denkt ein Zwerg wohl, der allein und hungrig unter einer Palme sitzt? Richtig: an Kekse, weil ich die nämlich am liebsten mag. Also habe ich mir vorgestellt, dass die Welt ein ganz besonders leckerer Keks ist. Wenn ich davon ein Stückchen abbreche, um es zu essen, und es mir schmeckt, weiß ich natürlich, dass mein Haps aus gutem Teig gemacht ist. Weshalb ich das weiß? Ich habe schon gesehen, wie meine Mama Kekse aus Teig macht. Also habe ich mir gedacht, dass ich weiß, woraus etwas besteht, wenn ich weiß, woraus etwas gemacht ist. Na klar - Teig ist aus Mehl gemacht und Mehl aus Getreidekörnern. Aber woraus sind Getreidekörner gemacht, und woraus ist das gemacht, woraus Körner gemacht sind? Da kann ich ja fragen, bis ich ein Opa bin. Gibt es überhaupt etwas, was nicht aus etwas anderem gemacht ist?

Ich war ganz schön sauer und auch ein bisschen müde. Als ich aufstand, habe ich einen Zettel an der Palme bemerkt. Darauf standen Zeichen, vielleicht eine Geheimschrift, die bei der Lösung des Rätsels hilft. Ich habe die Zeichen abgemalt.

ΘΑΛΗΣ `ΥΔΩΡ ΕΙΝΑΙ ΦΗΣΙΝ

Vielleicht könnt Ihr mir weiter helfen. Schreibt bitte. Meine Adresse ist: Hinterm dritten Eichenbaum links von der Buche.

Mit Zwergengrüßen
Euer Zimperlibim

Die Elemente

Nachdem die Annahme eines Urstoffes zur Erklärung von Entstehung und Veränderung der Dinge sich als unzureichend erwiesen und die Kinder das Ergebnis ihrer Untersuchung dem Zwerg mitgeteilt hatten, sollte nun anhand der Elementelehre des Empedokles die Ursachen von Entstehung im Sinne einer Veränderung durch Vermischung von Grundqualitäten in den Blick genommen werden. Zur Einführung dieser Lehre wurde ein überliefertes Fragment der empedokleischen Lehre einem Maulwurf in Rätselform in den Mund gelegt. Ihrem Charakter nach reagiert diese Figur abweisend auf die gemäß ihrer Meinung profanen Zumutungen der oberirdischen Bewohner des Waldes. Da sie ihre Blindheit und unterirdische Lebensweise für die Voraussetzung tiefschürfender Einsichten hält, liebt sie es, ihre Überlegenheit durch kryptisches Sprechen zu beweisen.

Die Kinder entschlüsselten ohne größere Schwierigkeiten Luft, Wasser, Erde und Feuer als die vier Elemente. Außerdem erkannten sie sofort, dass nicht alle Elemente miteinander verträglich sind. Nach dieser Vorbereitung wurde angeboten, ein Legespiel zu spielen. Mittig auf den Seiten von neun quadratischen Pappkärtchen befanden sich verschiedenfarbige Halbkreise. Grün stand für das Element Luft, Blau für Wasser, Braun für Erde und Rot für Feuer. Als Spielanleitung wurde erläutert, dass jedem Element jeweils zwei Eigenschaften zukommen. Luft ist warm und feucht. Wasser ist kalt und feucht. Erde ist kalt und trocken. Feuer ist warm und trocken. Nur die

Elemente, die eine Eigenschaft gemein haben, können sich vermischen, was im Spiel so dargestellt werden sollte, dass nur die Seiten mit den entsprechenden Farben zusammengelegt werden durften. Zur Überprüfung der Endstellung konnte das fertige Puzzle umgedreht werden, um zu sehen, ob die auf den Rückseiten der Kärtchen befindlichen Teile einer Weltkarte richtig zusammengefügt waren.

In der anschließenden Diskussion äußerten die Kinder ihr Unbehagen an der Elementelehre zwar nur partikular durch Gegenbeispielen aus ihrer Erfahrung. Interessanterweise aber bezog sich ihre Kritik auf die Schwachstellen der empedokleischen Lehre. Zum einen heißt Entstehung - gemäß der Vermischungshypothese - Veränderung der Elemente, was aber als Kumulation konträrer Grundqualitäten gedeutet werden müsste. Zum anderen sind Eigenschaftsveränderungen an Dingen beschreibbar, ohne dass von einer Neuentstehung gesprochen werden könnte.

Liebe Kinder,

vielen Dank für Euren Brief. Ihr habt mir sehr geholfen. Also Thales behauptet, Wasser sei der Urstoff aus dem die Welt besteht. Euer Experiment finde ich gut. Es war eine tolle Idee von Euch auszuprobieren, ob Wasser brennt. Wenn Feuer aus Wasser besteht, müsste man Wasser ja auch anzünden können. Stimmt das aber immer? Wenn Mehl aus Körnern besteht, dann müsste man auch aus Mehl wieder Körner machen. Ich habe das probiert, aber es ging nicht. Zuerst habe ich gedacht, Euer Experiment ist doch nicht so gut. Dann fiel mir ein, dass es vielleicht auch schon reicht zu wissen, wie etwas aus etwas anderem hergestellt wird. Ich weiß, dass Mehl aus Körnern durch Mahlen entsteht, aber ich weiß nicht, wie Feuer aus Wasser bestehen könnte.

Jetzt kann ich auch die Frage, woraus die Welt besteht, besser verstehen. Denn ich brauche bloß zu überlegen, wie die Dinge in der Welt aus dem Urstoff entstanden sind. Die Frage verstehe ich zwar besser, aber mir ist keine Antwort eingefallen. Wasser ist also nicht der Urstoff. Wir wissen also gar nicht, was der Urstoff ist. Wie können aber aus dem Urstoff - ich nenne ihn einfach „wir wissen nicht, was es ist" - Dinge entstehen? Habt Ihr schon einmal einen Zauberer gesehen? Die zaubern aus einem leeren Hut ein Kaninchen her. Vielleicht verwandelt sich der Urstoff „wir wissen nicht, was es ist" schwuppsdiwupps in Dinge?

Darüber habe ich lange nachgedacht und bin viel im Wald spazierengegangen. Vorgestern habe ich Maulwurf getroffen. Auf der Lichtung neben meiner Wohnung hat er sich niedergelassen. Er heißt Günther Wuehlmeier. Mit „th" und „ue" geschrieben, darauf besteht er. Eigentlich ist er nicht mein Freund. Denn er ist immer so unfreundlich. Maulwurf hält alle Waldbewohner für oberflächlich. Er sagt immer, dass nur, wer gräbt, den Dingen auf den Grund geht. Irgendwie muss er sich aber gelangweilt haben. Ich bin nämlich über seinen Maulwurfshügel gestolpert und er hat mich nicht ausgeschimpft, sondern nur in seiner unfreundlichen Art gefragt: „Was ist denn mit Dir los?" Als ich ihm von dem Urstoff erzählt habe, grinste er und sagte: „Du dummer Zwerg, wir Maulwürfe kennen den Urstoff. Es ist ein Geheimnis. Da ich heute aber gute Laune habe, sage ich Dir den Spruch der Maulwürfe.

Aus vier Wurzeln bestehen die Dinge:

Keiner sieht es, aber es ist links und rechts und hinter Dir und vor Dir und über Dir.
Jeder fühlt es, doch keiner kann es festhalten.

Es schmeckt nicht, bringt aber Schmackhaftes hervor.
Es macht Eisen weich, doch ist es nicht hart.
Wie wenn der Maler die Farben mischt und bald Menschen, bald Tiere schafft, so entstehen die Dinge aus diesen Vier.

Versuch das Rätsel zu lösen, Du dummer Zwerg."

Mehr wollte Maulwurf nicht sagen. Er verschwand einfach unter der Erde.
Könnt Ihr mir weiter helfen?

Mit Zwergengrüßen
Euer Zimperlibim

Die Mischung der Elemente

Ziel dieser Sitzung war es die Mischungshypothese als Erklärungsansatz für Veränderungen zu untersuchen. Die Kinder sollten den Unterschied zwischen der Vermischung einer qualitativ bestimmten Masse und der Verbindung diskreter Objekte diskutieren. Das von dem Zwerg vorgegebene Beispiel der Farbenvermischung diente als Einstieg, um herauszufinden, inwieweit die Veränderung von wahrnehmbaren Gegenständen wie z. B. einem Farbklecks durch qualitative Vermischung oder durch Verbindung identifizierbarer und diskreter Objekte beschrieben werden kann.

Liebe Kinder

vielen Dank für Euren Brief. Ihr habt das Rätsel gelöst. Jetzt verstehe ich, was Maulwurf meinte. Feuer, Erde, Wasser und Luft sind Urstoffe und durch Mischung entstehen alle Dinge. Ganz schön schwierig war das Geheimnis der Maulwürfe. Aber nun ist doch alles klar, oder?

Gestern wollte ich mit Wasserfarben ein Bild von mir malen, um es Euch zu schicken. Aber als ich im Tuschkasten die Farben gemischt habe, fiel mir wieder das Rätsel ein und das Bild ist nicht fertig geworden. Ich habe mir nämlich überlegt, wenn die Dinge aus der Mischung der Elemente entstehen, müssen die Elemente auch wieder entmischt werden können. Ich habe Blau und Gelb gemischt und es kam Grün heraus. Wohl konnte ich das Grün durch Zugabe von Gelb wieder zu Blau machen, aber ich konnte das Grün nicht wieder zu Blau und Gelb entmischen. Irgend etwas stimmt da nicht.

Verändert sich etwa ein Urstoff, wenn man ihn mit einem anderen mischt? Und wie können die beiden Stoffe wieder getrennt werden? Vielleicht fällt Euch ja eine Lösung ein.

Mit Zwergengrüßen
Euer Zimperlibim

Die Atome

Mit der Einführung der Atomlehre des Demokrit erreichte der Philosophiekurs eine neue Abstraktionsstufe. Jetzt trat die diskursive Vergewisserung der Voraussetzungen und Kriterien begründeter Rede in den Vordergrund. Während die Festlegung des Urstoffes durch Thales im spekulativen Raume verharrt und die Elementelehre des Empedokles auf interne Schwierigkeiten stieß, ergab sich aus Demokrits Lehre von den Atomen eine Entstehungstheorie auf, die einen definit kausalen Erklärungswert beansprucht. Die Kinder erfuhren mithin die Atomlehre als Antwort auf die Entwicklung ihrer Untersuchungs- und Fragemethoden, um so mehr als sie in der Diskussion erkannten, dass Theorievorschläge als Instrumente zur Lösung präzise umrissener Problemlagen zu betrachten seien. Die Atome des Demokrit boten sich als die gesuchten diskreten und wenigstens prinzipiell identifizierbaren Objekte dar, deren Verbindung oder Trennung nach mechanischen Gesetzen die Entstehung bzw. Veränderung von Dingen erklären sollte.

Da zur Vorstellung der Atomlehre aus gesprächstechnischen Gründen neue, noch unbekannte Termini eingeführt werden mussten, lag es dramaturgisch nahe, deren Einführung einem notorischen Besserwisser zu übertragen. Diesen Part übernahm der Hase. In seiner selbstgefälligen Wichtigtuerei sollte er für die kindliche Erfahrung nachvollziehbar die Kontrastfigur zu der im Philosophiekurs geübten Praxis darstellen, indem sie den tyrannischen Sklaven eines auf Rechthaberei basierenden Realitätsprinzips verkörpert. Zur Persiflage des durch jenes Prinzip erzeugten Zwanges zur Selbstdarstellung tritt am Ende des Briefes der schweigsame Fuchs auf, dessen bloßes Erscheinen Hase zur Flucht nötigt.

Liebe Kinder,

Ihr habt also versucht, aus den vier Elementen etwas herzustellen. Es ist Euch nicht gelungen. Mein Farbenexperiment ist auch nicht gelungen. Ich konnte die Farben nicht mehr trennen, nachdem ich sie vermischt hatte. Wenn wir einfach einmal voraussetzen, dass das, was aus Elementen zusammengesetzt ist, auch wieder in dieselben Elemente zerlegt werden kann, bringt uns die Elementenlehre des Empedokles nicht viel.

Ich habe gehört, dass Ihr euch jetzt mit Atomen beschäftigt. Als ich im Lexikon nachgeschaut habe, stand da, dass schon ein griechischer Philosoph - sein Name ist Demokrit - behauptet haben soll, die Welt bestehe aus Atomen. Atome sind die kleinsten Teilchen, die sich nicht verändern und schon immer da waren. Dinge entstehen durch Zusammensetzung der Atome. Dinge vergehen dadurch, dass sich die Atome trennen. Die Atome wären also der Urstoff, den wir suchen?

Das wollte ich mir erklären lassen. Deshalb bin ich zu meinem Freund Hase gegangen. Da er eine große Verwandtschaft hat, ist sein zweiter Name Hüpf. Der Vorname ist übrigens Holger. Mein Freund Holger Hase-Hüpf sagt immer, es gibt nichts, was man nicht erklären kann. Ganz besonders haßt er das Wort Geheimnis. Obwohl seine Erklärungen oft nicht ganz so klar und verständlich sind, habe ich den Eindruck, dass Gespräche mit ihm immer sehr lehrreich sind. Ich traf Holger auf einer Wiese am Rande meines Waldes. Er mümmelte gerade Löwenzahn. Als ich ihn fragte, was er über Atome wisse, schaute er mich interessiert an, richtete sich auf und streckte seinen Vorderpfoten aus, als ob er sich an einem Rednerpult festhalten wollte. „Zimperlibim", sagte er das letzte Löwenzahnblatt hinunterschluckend, „wir müssen methodisch vorgehen. Unterbrich mich bitte nicht! Was methodisch heißt, können wir später klären. Also Atome verändern sich nicht. Wir können also sicher sein, dass kein Atom zu einem andern Atom wird. Folglich können wir Entstehen und Vergehen als ein gesetzmäßiges Zusammensetzen und Trennen der Atome erklären. Folglich sind Atome durch Kausalgesetze definiert." Als ich Atem holte, schaute Holger mich fast böse an, dann sagte er: „Frag' jetzt nicht, was definiert durch Kausalgesetze heißt! Dagegen kann die Elementenlehre nicht sicherstellen, dass ein Element sich in ein anderes Element verwandelt. Der Grund liegt darin, dass die Elementenlehre Eigenschaften, die wir an der Materie wahrnehmen, zu Eigenschaften der Materie selbst gemacht hat. Somit kann sie Veränderungen der Eigenschaften nicht kausal erklären, sondern muss sie als qualitativen Übergang beschreiben. Alles klar Zimperlibim?"

Ich traute mich nicht Hases Frage zu verneinen, deshalb sagte ich ganz vorsichtig: „Wenn ich dich richtig verstanden habe, dann sehe ich die Welt gar nicht so, wie sie wirklich ist." „Das habe ich doch gerade erklärt", antwortete Hase etwas entnervt. „Natürlich siehst du keine Atome, aber du kannst sie durch Experimente entschlüsseln. Sonst noch Fragen?"

„Selbstverständlich", sagte ich. „Wenn ich ein Puzzle mache, dann weiß ich, dass die Teile von vornherein zueinander passen, und probiere aus, wo die einzelnen Teile hingehören. Woher aber wissen die Atome, dass sie zueinander passen und wo sie hingehören?"

Kaum hatte ich diese Frage gestellt, da spurtete Hase davon. Bevor er im Wald verschwand, hörte ich ihn noch rufen: „Atome sind ..." Zuerst konnte ich mir Hases Verhalten nicht erklären, dann erkannte ich aber auch den Fuchs, der sich im hohen Gras der Wiese versteckt hatte, um sich heimlich anzuschleichen. Vor dem Fuchs war Hase weggelaufen. Der Fuchs stand auf und schlenderte höflich grüßend an mir vorbei. Seit diesem Vorfall habe ich Holger Hase-Hüpf nicht mehr gesehen. Er muss einen ordentlichen Schreck bekommen haben. Meine Frage hat er nicht beantwortet, aber vielleicht könnt Ihr mir helfen.

Mit Zwergengrüßen
Euer Zimperlibim

Was erklärt eine Erklärung?

In der Beschäftigung mit der Atomlehre des Demokrit arbeiteten die Kinder die Merkmale einer Kausalerklärung heraus. Am Beispiel einer gefüllten Wasserflasche, die bei Frost platze, konnte erläuterten werden, dass der Eintritt dieses Ereignisses kausal erklärt sei, wenn die Randbedingungen, dass man die Flasche draußen vergessen habe und es friere, unter die allgemein gefasste Bedingung, dass Wasser sich beim Frieren ausdehne, subsumiert werden könne. In der weiteren Diskussion ergab sich dann, dass der Ausdruck Erklären sich kausal und auch intentional verwenden lässt. Denn man dürfe doch sagen, man erkläre, was etwa ein Spiel wie Mühle sei, indem man zeige oder beschreibe, wie es funktioniere. Zunächst versuchten die Kinder beide Verwendungen aufeinander zurückzuführen. Sie gaben diesen Versuch aber auf, als sie bemerkten, dass eine Erklärung sozusagen eine Warum-Frage beantwortet. Nun geben Warum-Fragen keinerlei Anhaltspunkt, um eine der beiden Verwendungen des Ausdrucks Erklärung begrifflich zu bevorzugen; denn sie lassen als Antwort sowohl die Angabe einer Ursache als auch die Nennung des Handlungszweckes zu.

Die Irritation der Kinder äußerte sich in der bestürzten Frage, was nun die ganze Atomlehre bringe. Gleichzeitig aber stieß diese Irritation eine Diskussion an, die die Reichweite der Demokritischen Erklärung an der Entstehung des Lebens erproben wollte. Interessanterweise behandelten sie diesen Gesichtspunkt im Horizont ihrer Ausgangsfrage nach der Entstehung der Welt. Damit aber relativierten sie die Atomlehre und wiesen ihr einen systematischen Ort zu, indem sie die Atomlehre als eine Etappe im Verlauf der mit ihrer Ausgangsfrage begonnenen Explikationsgeschichte verstanden, die Normen vernünftigen Redens offen zu legen.

Liebe Kinder,

habt Ihr herausbekommen, was Hase gemeint hat? Ganz schön schwierig, aber Hase redet immer so. Ich glaube, dass er gemeint hat, Atome seien der Urstoff. Verbinden sie sich, entstehen Dinge. Trennen sie sich, vergehen Dinge. Warum aber verbinden oder trennen sich Atome? Hase hat gemeint, weil es Gesetze gibt. Diese Gesetze sind so etwas wie Spielregeln zum Verbinden und Trennen. Wenn das richtig ist, dann müssen wir außer den Atomen auch noch die Spielregeln kennen, um zu erklären, wie Dinge entstehen.

Es ist merkwürdig. Jede Frage, die wir gestellt haben, führte zu einer neuen Frage. Die Frage, woraus die Welt besteht, hat sich verändert. Jetzt fragen wir danach, wie die Dinge in der Welt nach Gesetzen entstehen.

Mit Zwergengrüßen
Euer Zimperlibim

Die Entwicklung von Leben

Dieser Brief hatte einerseits den Zweck die unterschiedlichen Standpunkte der Kinder aus der Sichtweise des Zwerges zu konturieren und den Kindern zur Auszuwertung vorzulegen. Andererseits sollte das metaphysische Gewicht der schon bei der Feststellung der funktionalen Einrichtung von Organismen aufgetauchten Frage nach der Finalität in der Natur abgefedert und deren Diskussion langsam vorbereitet werden. Die Ankündigung eines Besuches bei einem weiteren Waldbewohner, um ihn um Rat zu fragen, verschaffte hier den nötigen Puffer. Der neue dramaturgische Charakter

„Eule" ist zwar etwas absonderlich aber durchaus sympathisch. Sie soll in idealtypischer Weise methodische Bedachtsamkeit und gelehrte Distanz personifizieren, weshalb sie auch keinen Eigennamen erhielt, sondern schlicht und einfach Eule ist.

Liebe Kinder

wie Ihr mir geschrieben habt, beschäftigt Ihr Euch jetzt mit der Entstehung von Leben. Ganz schön schwierig zu verstehen, woher Leben kommt, wenn alles aus Atomen besteht!

Ich weiß, dass Ihr darüber nachgedacht habt. Lukas hat vermutet, dass sich das Leben in ganz langer Zeit aus verschiedenen Zusammensetzungen der Atome entwickelt hat. Sein Beispiel war die Entwicklung der Vögel aus den Dinosauriern. Dagegen hat Sophia eingewendet, dass Leben nicht einfach so entstanden sein kann. Daraus hast sie dann geschlossen, dass es immer schon Leben gegeben haben muss.

Ich habe nachgedacht und muss zugeben, dass ich auch nicht verstehe, was Lukas mit Entwicklung meint. Nehmen wir einmal an, dass irgendwelche Atome sich zusammensetzen, aber dass diese Zusammensetzung nicht lebt. Dann fällt sie auseinander. Die Atome verbinden sich wieder mit anderen und plötzlich gibt es eine lebendige Zusammensetzung von Atomen. Dann können wir sagen, dass ein Lebendiges aus Atomen besteht, aber nicht, dass sich aus Atomen Leben entwickelt hat. Wenn wir Lebendiges zerlegen, könnten wir vielleicht noch behaupten, dass Lebendiges nach unserer Erfahrung immer aus bestimmten Atomen besteht. Wollen wir aber von einer Entwicklung sprechen, müssen wir angeben, warum Leben entstanden ist. Oder sollte die Entstehung des Lebens zufällig sein?

Sophia scheint also recht zu haben. Leben gab es immer schon. Nun wissen wir aber, dass es nicht immer Lebewesen auf der Erde gab. Wir sind in einer Zwickmühle!

Vielleicht findet Ihr einen Ausweg. Schreibt mir doch einfach. Ich werde mir von Eule helfen lassen. Es ist aber nicht leicht, sie zu erreichen. Denn sie ist nur nachts wach, wenn ich schlafe. Außerdem ist sie sehr standesbewusst und gibt sich nicht mit jedem ab, weil eine ihrer Urahnen eine Freundin der Göttin der Weisheit gewesen sein soll. Wenn sie mir hilft und ich nicht bei ihren Erklärungen einschlafe, berichte ich, was sie mir gesagt hat.

Mit Zwergengrüßen
Euer Zimperlibim

Form und Stoff, Möglichkeit und Wirklichkeit

Mit der Referierung der ontologischen Unterscheidung des Aristoteles zwischen Form und Stoff und der Integration des Entstehens im Sinn eines Überganges von der Möglichkeit zur Wirklichkeit sollte den Kindern angeboten werden, die unverträglichen Standpunkte in der Frage, ob und wie Leben entstanden ist, zu überdenken und zu reformulieren. Nach der gesprächsweisen Klärung der Bedeutung von Stoff und Form versuchten die Kinder herauszufinden, ob der Aristotelische Ansatz nicht doch irgendwie erlaube, einen der Standpunkte zu präferieren. Der Hauptgegenstand der Diskussion wurde so die im Rahmen der aristotelischen Naturdeutung rekursive Definition des Entstehens als eine Bewegung, deren Wirklichkeit in der Möglichkeit liege, dass ein Stoff eine Form annimmt.

Liebe Kinder,

am Wochenende habe ich es geschafft wach zu bleiben und Eule zu besuchen. Das war ziemlich anstrengend. Ich war nämlich müde und Eule braucht recht lange, um einen Satz zu beenden. Dafür sieht sie aber komisch aus, wenn sie spricht. Sie schließt die Augen, legt die Flügelspitzen gegeneinander und, da sie nach jedem Wort eine Pause macht, sieht es so aus, als ob sie auf ein Echo wartet. Auch wenn es mich eine ganze Nacht gekostet hat, kann ich euch kurz berichten, was Eule gesagt hat. Eule meint, dass Aristoteles, ein griechischer Philosoph, Sophia und Lukas zugestimmt hätte. Er hätte nämlich - natürlich auf griechisch - gesagt: Du hast recht Sophia. Leben hat es immer schon gegeben. Aber auch Du, Lukas, hast recht. Lebewesen haben sich entwickelt. Meine Frage, ob der spinnt, der Aristoteles, hat Eule nicht beantwortet. Statt dessen hat sie geseufzt, ein Auge geöffnet und leise gelispelt: „Du solltest bedenken, mein lieber Zimperlibim, dass Aristoteles ein kluger Kopf war."

Eule erklärte mir dann, dass Aristoteles erst einmal zwischen Form und Stoff unterschieden hat. Der Stoff ist das, woraus etwas besteht. Die Form ist das, was etwas ist. Eule hat gesagt, ich soll mir einen Klumpen Ton vorstellen, aus der ein Töpfer einen Becher macht. Der fertige Becher setzt sich dann aus dem Stoff Ton und der Form Becher zusammen. Wenn man danach fragt, woraus der Becher gemacht ist, muss man Ton antworten. Fragt man danach, was das da ist, muss man sagen ein Becher.

„Aber wie ist nun Leben entstanden", wollte ich wissen, weil ich langsam ungeduldig wurde. „Sei ruhig!", zischte Eule. Außerdem nämlich, so fuhr sie fort, habe Aristoteles zwischen Möglichkeit und Wirklichkeit unterschieden. Jeder Stoff möchte eine Form annehmen. Der Stoff enthält der Mög-

lichkeit nach viele Formen. Indem der Stoff eine Form annimmt, findet eine Veränderung oder Bewegung statt. Aristoteles behauptet nun, dass die Wirklichkeit der Möglichkeit die Bewegung ist. Das bedeutet, dass die Bewegung zwischen Möglichkeit und Wirklichkeit steht. Auch der Töpfer muss ja den Becher erst aus dem Ton formen. Im fertigen Becher ist die Bewegung dann zum Ende gekommen. Das bedeutet aber auch, dass man erst, wenn etwas wirklich ist, sagen kann, dass es möglich war. Denn nicht jeder Stoff kann jede Form annehmen. Ein Töpfer würde ja auch kein Papier nehmen, um einen Becher herzustellen. Aristoteles, so schloss Eule ihren Vortrag, als die Sonne aufging, hätte also gesagt, der Urstoff muss der Möglichkeit nach immer schon Leben enthalten, damit Lebewesen entstehen können.

Ich war todmüde und wollte nur noch in mein Bett, obwohl ich Eule gerne noch einige Frage gestellt hätte. Aber sie hat mir versprochen, meine Frage zu beantworten, wenn ich nicht so schnell wiederkomme. Denn auch sie sei etwas mitgenommen. Aber vielleicht könnt Ihr mir helfen, noch mehr Fragen auszudenken.

Mit Zwergengrüßen
Euer Zimperlibim

Spontane Entstehung oder Entwicklung

Nachdem die Kinder ihre Kritik in dem Antwortbrief protokolliert hatten, bestand nun die Aufgabe darin, die Einwände zusammenzufassen und schärfer formuliert an das Plenum zurückzugeben, um die Implikationen der aristotelischen Auffassung in der Diskussion weiter zu verfolgen.

Liebe Kinder,

über Eules Erklärungen habe auch ich noch einmal nachgedacht. Mir sind die Unterschiede zwischen Form und Stoff und zwischen Möglichkeit und Wirklichkeit noch nicht ganz klar.

Ich habe mir nämlich überlegt: wenn der Stoff der Möglichkeit nach Leben enthält, dann könnten ja auch Lebewesen aus irgendeinem unbelebten Stoff einfach entstehen. Warum also sollten Frösche nicht aus Erde entstehen und Mücken aus Wasser. Dann wäre aber unsere Behauptung, dass ein Lebewesen nur aus einem Lebewesen derselben Art entsteht, falsch. Könnte man vielleicht durch eine plötzliche Entstehung von Lebewesen aus unbelebtem Stoff die Vielfältigkeit der Lebewesen auf der Erde erklären?

Ich denke, Eule uns wird noch einige Fragen beantworten müssen.

Mit Zwergengrüßen
Euer Zimperlibim

Wie fängt die Entstehung von Leben an?

Die Kinder transponierten die aristotelische Naturdeutung geschickt in ihr Thema. In der Diskussion wurde versucht mithilfe des Form-Stoff-Schemas und der Unterscheidung von Möglichkeit und Wirklichkeit Argumente für oder gegen die beiden konträren Standpunkte, die sich aus der Frage nach der Entstehung des Lebens ergeben hatten, zu entwickeln. Auch auf Basis der Aristotelische Lehre gelang es den Kindern nicht, beide Standpunkte, dass es Leben entweder immer schon gegeben hat oder dass es entstanden ist, zu versöhnen oder zu verwerfen. Sie stellten zwei mögliche Argumentationsverläufe auf, zu denen sie den Zwerg um seine Meinung fragten. Während der eine von einer eher monistischen Warte die Form dem Stoff inhärieren lässt und damit nur durch Theorieergänzungen Entwicklungssprünge ausschließen kann, beharrt der andere auf der Irreduzibilität der ontischen Teile, die jedes bestehende Weltding einschließlich der Lebewesen bilden. Entstehung wird dabei ontologisch als ein endlicher Verwirklichungsprozess gedacht, in dem ein Stoff eine Gestalt oder Form annimmt. Natürlich reizt diese Erklärung des Entstehens im Sinne einer seinsmäßigen Bewegung von der Möglichkeit zur Wirklichkeit nach der metaphysischen Ursache jene Bewegungsabläufe zu fragen, deren Resultat die Welt ist. Aristoteles findet hier in einer „regressio metaphysica" den göttlichen, ersten unbewegten Beweger.

Aufgabe des Briefes war es natürlich, die Argumente der Kinder zu resümieren und deren Folgerungen anzudeuten. Bedeutsamer aber war es, durch das Zögern des Zwerges, eine Stellungnahme abzugeben, und durch seinen Hinweis auf Eule die Frage nach der Entstehung des Lebens als vorerst unentscheidbar zugunsten der noch virulenten und in den Diskussionen wiederholt angerissenen Frage nach der Zweckgerichtetheit der Natur in den Hintergrund treten zu lassen.

Liebe Kinder,

über Eure Fragen habe ich so lange nachgedacht, bis mir der Kopf schmerzte. Wenn es eine Entstehung des Lebens gebe, müsse sie auch einen Anfang haben, so schreibt ihr. Der Anfang wäre aber der Urstoff, der Leben der Möglichkeit nach enthielte. Dann könnte der Urstoff einfach aus sich heraus Lebewesen hervorbringen. Das hieße, die Form der Lebewesen wäre ein Ergebnis des Urstoffs. Dann können wir aber auch nicht sicher sein, dass wir nicht irgendwo und irgendwann einmal einen Colefanten oder eine Elobra, also eine Mischung aus Elefant und Cobra finden. Au-

ßerdem müsste es dann überall Leben geben. Denn die Welt und Alles besteht ja aus dem Urstoff. Warum haben wir dann aber noch keine Außerirdischen gefunden?

Andererseits meint Ihr, es könnte möglich sein, dass der Urstoff einen Anstoß braucht, um Leben hervorzubringen. Diese Ursache dürfte dann aber nicht im Urstoff enthalten sein. Der Töpfer etwa, der einen Klumpen Ton zu einer Tasse formt, ist ja auch nicht aus Ton. Wenn aber eine andere Ursache hinzukommt, sind dann die Formen der Lebewesen von dieser fremden Ursache bestimmt?

Ich denke, Eule wird auch Kopfschmerzen bekommen, wenn ich sie das nächste Mal besuche.

Mit Zwergengrüßen
Euer Zimperlibim

Zweck oder Notwendigkeit

Die Kinder hatten in der Diskussion der vorangegangenen Sitzung festgestellt, dass die Rede von Zwecken alltagssprachlich im Zusammenhang mit intentional gerichteten Handlungen gebraucht wird. Um die Analyse der Zweckursache auf die schon bekannte Figur einer Warum-Erklärung zurückzuprojizieren, wurde das „Zeus-lässt-es-regnen-Argument" aus dem zweiten Buch der Aristotelischen Physik variiert und den Umständen angepasst. In diesem Buch legt Aristoteles dar, dass Finalursachen als Warum-Erklärungen zulässig sind, sofern man Natur als auto-poietisches System deutet, das sich zweckmäßig organisiert.

Liebe Kinder,

bei uns im Wald ist es jetzt sehr heiß. Alle Tiere und Zwerge suchen den Schatten. Die armen Pflanzen, die sich nicht bewegen können. Die Blumen vor meiner Tür lassen schon die Köpfe hängen. Abends gebe ich ihnen immer Wasser. Und da ist mir Eure Frage eingefallen. Handelt die Natur auch mit Absicht?

Wenn ich meinen Blumen Wasser gebe, tu ich das, damit sie nicht verdursten. Meine Absicht ist die Ursache meiner Handlung. Vielleicht lässt es ja die Natur auch regnen, damit die Pflanzen etwas zu trinken haben?

Um meine Annahme zu prüfen, gehe ich einfach den umgekehrten Weg. Ich will einmal schauen, was passiert, wenn ich behaupte, dass die Natur nicht mit Absicht Sachen hervorbringt. Also: Feuchtigkeit steigt aus den Meeren und Flüssen hoch. Oben wird sie kalt und zu Wasser. Dieses Wasser kommt als Regen zurück auf die Erde. Eine zufällige Folge des Regens ist, dass die Blumen wachsen. Behaupten wir aber, dass etwas zufällig geschieht, dann meinen wir, dass etwas nicht regelmäßig geschieht. Oder habe ich unrecht?

Wenn wir etwas erklären wollen, fragen wir nach der Ursache. Eine Ursache soll aber immer mit ihrer Wirkung verbunden sein. Können wir dann nicht auch behaupten, dass die Natur es regnen lässt, damit die Blumen etwas zu trinken haben?

Was meint Ihr dazu? Jetzt höre ich aber auf. Puh - Ist das warm.

Mit Zwergengrüßen
Euer Zimperlibim

Was ist Philosophieren?

Dieser Brief leitete die Abschlusssitzung ein. Natürlich sollten die Kinder ermutigt werden ihre Fragen weiter zu verfolgen. Im Verlaufe des Kurses hatten die Kinder erlebt, dass der Charakter philosophischen Wissens nicht in Tatsachenerkenntnissen liegt, sondern zunächst bestimmt wird in der Untersuchung, wie Argumente oder allgemeiner Sprache verwendet werden, um Normen richtigen, d. h. vernünftig zu rechtfertigenden Redens zu beschreiben. Den Kindern sollte diese Erfahrung zu Bewusstsein gebracht werden. Dazu wurde auf die aporetische Situation der ersten Sitzung zurückgegriffen, indem sie noch einmal literarisch im Verhältnis des Zwerges zu Eule wiederholt und damit erinnert werden sollte.

Liebe Kinder,

gestern war ich wieder bei Eule. Ich habe ihr gar keine Zeit gelassen mürrisch zu sein, sofort habe ich die Fragen vorgelesen. Eule sah aber gar nicht so aus, als ob sie Kopfschmerzen bekommen hätte. Zum Schluss hat sie sogar gelacht und gesagt: „Bravo, Zimperlibim, du bist ein kluges Kerlchen! Du bist nur etwas verwirrt, weil Du noch nicht weißt, was Du verstanden hast. Du hast angefangen mit der Frage, wie etwas entsteht. Weil Du nicht an Zauberei geglaubt hast, hast Du nach Ursachen gesucht, warum etwas so geworden ist, wie es ist. Schließlich hast Du versucht zu erklären, was Ursachen sind.“ Eule hatte mir so geschmeichelt, dass ich noch verwirrter wurde. Deshalb sagte ich: „Aber ich weiß doch gar nicht, wie die Welt entstanden ist.“ Darauf erwiderte Eule: „Frage doch noch einmal danach, was Entstehung heißt! Und welche Rolle spielt eigentlich die Zeit? Keine Angst, Du schaffst das schon. Denn Du bist auf dem Weg, ein richtiger Philosoph zu werden.“

Mit diesen Worten schob mich Eule vor die Tür. Zunächst war ich ganz schön sauer. Ich habe keine Antworten bekommen, nur immer neue Fragen. Jetzt denke ich aber, dass Eule doch recht hat. Fragen zu finden, ist schwieriger als zu antworten. Wenn nämlich Wissen aus einer Antwort auf eine Frage entsteht, dann weiß derjenige nichts mehr, der die Frage vergessen hat.

Mit Zwergengrüßen

Euer Zimperlibim

Das Spiel der Logik

Die Unterrichtseinheit ist auf Kinder zwischen 10 und 12 Jahren ausgelegt. Das Unterrichtsmodul ist systematisch nach dem Abschichtungsverfahren aufgebaut. Durch den Aufbau gelingt die didaktische Engführung jedes Lernschrittes mit der am Anfang der Unterrichtseinheit dargelegten Zielvorgabe, schlussfolgerndes Operieren mit Aussagen durch Positionierung von Spielsteinen in einem nicht-sprachlichen Spieltableau darzustellen. Methodisch bietet diese Systematik die Möglichkeit, Probleme zielführend an den Stellen zu diskutieren, an denen sie auftreten.

Eine legitime Frage an die Gestaltung des Unterrichtskonzeptes ist es, warum heute auf Lewis Carrolls Opuskulum „Das Spiel der Logik“, das trotz literarischer Qualität nur den oftmals problematischen Erkenntnisstand und die zeitbedingten logischen Darstellungsmittel des 19. Jahrhunderts wiedergeben kann, zum Aufbau einer Unterrichtseinheit über Logik zurückgegriffen werden sollte anstelle eines zeitnäheren und auch thematisch naheliegenden computergestützten Erlernens algorithmischer Verfahren. Zwei Gründe sprechen ausschlaggebend für eine Bevorzugung von Lewis Carrolls Spiel der Logik. Erstens duldet der schon im Titel betonte Spielcharakter die Vielfalt alltäglichen, kundgebenden Redens nicht nur als Rohstoff unter dem Selektionsvorbehalt theoriestrategischer Erfolgserwartungen.[37] Sicherlich bedarf ein Kinderbuchautor wie Lewis Carroll um seiner Ausdrucksfähigkeit willen des natürlichen Facettenreichtums sprachlicher Ausdrucksweisen. Wesentlicher jedoch ist hierbei, dass die Konzeption einer spielpraktischen Reflektion des Sprachgeschehens Sinnausdruck und Kundgabe ineinander verschlungen sein lässt. Jenseits der Unterscheidung von Objekt- und Metasprache können somit anhand ausgewählter Beispiele Sprachhandlungen eingeführt und erklärt werden. Ein technisches Verständnis, das Sprache

[37]Unbeschadet des deutschen Titels scheint auch die Lesart möglich, ein Spiel mit der Logik sei gemeint. Sofern man eine Analogie zwischen Spielen und sprachlich-logischem Operieren erkennt, kann man Carrolls Schrift als ein Spiel mit Sprache verstehen. Der Sinn von Aussagen liegt dann in sprachlichen Handlungen. Zudem kann die kritische Funktion der Spielanalogie genutzt werden, indem Sprachspiele fingiert werden, um den heuristischen Wert theoretischer Überzeugungen zu prüfen. Vgl. hierzu *Philosophische Untersuchungen*, Ludwig Wittgenstein, Schriften I, Frankfurt 1969, § 2ff, S. 290ff.

auf ein Darstellungsmittel reduziert, ist durch die tableaumäßige Übersetzung gebunden und weitgehend entschärft, da jede Tableaudarstellung auf sprachliche Deutung rekurrieren muss, die gerade angesichts des Carrollschen Vermögens, sedimentierte Sprachgewohnheiten fiktional aufzulösen, das Ganze sprachlicher Sinnerfahrung nicht ausblenden darf. Dadurch bleibt die Versuchung einer generischen Verallgemeinerung jenes technischen Ideals gering zugunsten der Weckung eines sprachbezogenen Eros, der seine Freude am freien und unbefangenen Umgang mit Sprache ausleben kann. Zweitens entwickelt die wegen problematischer Voraussetzungen notwendige Diskussion der Spielregeln die Unterrichtssituation zu einem philosophischen Gespräch. Diese gesprächsweise sich niederschlagende Berücksichtigung der Sinnstiftung von Spielzügen alleine durch Beobachtung und Beschreibung regelgeleiteter Erzeugung und regelkonformen Gebrauchs spielerheblicher Aussagen begegnet letztlich dem naturalistischen Vorurteil, dass Logik gleichsam das äußere Abbild des neuronalen Steuerungsprogramms interner Gehirnprozesse abgebe.

Ein didaktisch gefilterter und methodisch erweiterter Rückgriff auf Lewis Carrolls scheinbar altmodisches Spiel der Logik, wie er hier vorgeschlagen wird, gewährt drei bedeutsame Vorteile. Zum einen gelingt über den zweckfreien Spielcharakter eine Rückbindung an menschliche Sprachpraxis, ohne theoretische oder philosophische Voraussetzungen über das Wesen der Sprache bemühen zu müssen. Zum anderen wird durch das diskursive Erzeugen von Sprechsituationen im Hinblick auf die Rechtfertigung zieladäquater Spielregeln eine kausale Erklärung der Sprache unterlaufen. Schließlich lernen die Kinder durch die Beobachtung und Auswertung der Sprachpraxis, dass vernünftiges Reden es mit Begründungen zu tun hat, die Aussagen im Hinblick auf ihre selbst wieder kommunikativ vermittelte Geltungsgründe rechtfertigen. Aus der Realisierung dieser Vorteile ergibt sich der Umgang mit Lewis Carrolls Schrift im Unterricht. Keinesfalls sollte sie als Lehrbuch angesehen oder zu einer bloßen Spielanleitung degradiert werden. Die Dignität dieses Textes, die sorgsam im Unterricht gepflegt werden sollte, besteht darin, als Diskussionsgrundlage das Selber- und Weiterdenken zu befördern. Diese Wertung des Textes dürfte indessen auch unter denkgeschichtlichen Aspekten der ambivalenten Stellung des kleinen Werkes von Lewis Carroll gerecht werden. Auch wenn es gar nicht beanspruchen will, ein „novum organon" der Logik zu sein, so vollzieht es doch trotz seinem Beharren auf der traditionellen Gestalt der Syllogistik eine folgenreiche Perspektivverschiebung. Faktisch löst Lewis Carroll die Logik aus dem klassischen Bildungszirkel, indem er sie zu einem Kindervergnügen macht. Zur kindgerechten methodischen Umsetzung seiner Intention erklärt der Autor immer wieder die Züge seines Logikspiels in exemplarisch erzeugten alltagssprachlichen Situationen des Beweisens und Widerlegens. Die naiv-spielerische Wiederbelebung des alten Gedankens, dass Logik eine Kunst und keine Wissenschaft sei, schlägt als argumentative Herausforderung an die Kinder und den Unterrichtenden zurück auf die Interpretation und Begründung der Regeln einer Tableaudarstellung von Aussagen und Schlüssen.

Zum Verständnis der Schwierigkeiten, vor denen Lewis Carroll stand, mag eine kurze Erinnerung an die emphatische Betonung des Wahrheitsbegriffs in der traditionellen Logik dienen. Nach deren Selbstverständnis, dem auch Lewis Carroll aufgrund seiner Zeitgenossenschaft unterworfen war, gilt Wahrheit nicht als erkenntnistheoretisch oder metaphysisch neutraler Begriff. Lewis Carroll muss nun unter dem logischen Gesichtspunkt, dass ein Satz - die Konklusion - aus anderen Sätzen - den Prämissen - folgt, den formalen Apparat seines Spiels aufbauen. Das bedeutet letztendlich, dass er die Auswahl der Prämissen nur mehr über ihre Leistungsfähigkeit und Reichweite innerhalb des Spielkalküls legitimieren kann. Da logischerseits die wahrheitserhaltende Folgerung garantiert wird, muss nach traditioneller Auffassung die Wahrheit der Prämissen vorausgesetzt werden, damit lege artis ein valenter Schluss gezogen werden darf. Der Übergang von Voraussetzung zu Konklusion für falsche Schlüsse ist mithin nicht festgelegt sondern bloß als Regelverstoß bemerkbar, was in dem Lehrsatz „ex falso quodlibet" fixiert ist. Wäre nämlich dieser Übergang zugelassen, träten sofort Widersprüche auf, indem etwa aus denselben Prämissen ein wahrer und ein falscher

Schluss gefolgert werden könnten. Um Widersprüche zu vermeiden, muss traditionellerweise für jede Konklusion, die ja nur durch geregelte Satzübergänge hergestellt worden ist, definitiv sichergestellt sein, ob sie entweder wahr oder falsch ist. Genau dies aber leistet die Forderung der Wahrheitserhaltung, die somit bei vorausgesetzter Wahrheit der Prämissen den Anwendungsfall für das Prinzip des „tertium-non-datur“ liefert. Unter Maßgabe der Spielidee kann sich Lewis Carroll aber nicht mehr auf eine wahrheitsdefinite Auswahl der Prämissen berufen, da er das Wahrheitsverständnis im Rahmen der Spielhandlungen so weit liberalisiert, dass die Wahrheit von Aussagen durch Spielsituationen simuliert wird. Nun bleiben diese spielimmanenten Vorgänge zwar ohne Auswirkungen auf die logische Privilegieren der Widerspruchsfreiheit, da wegen der Primitivität der Tableaudarstellungsweise sichergestellt ist, dass aus denselben Prämissen in demselben Spielzug eine Aussage und ihre Verneinung nicht hergestellt werden können. Mit der spielkalkültechnischen Zersetzung des traditionellen logischen Wahrheitspostulats aber deutet sich in Lewis Carrolls Konzeption eines Spiels der Logik das moderne operative Logikverständnis an, das Wahrheit im Sinne eines undefinierten, nur mehr ableitungstechnisch deutbaren Grundbegriffes betrachtet.

Kategoriale Unterscheidungen

Die Komponenten, aus denen spielrelevante Aussagen bestehen, nennt Lewis Carroll Terme. Dieser Ausdruck entstammt dem Lateinischen und bietet die Übersetzung des griechischen Ausdrucks „Horoi“, mit dem die Grenzen, also Anfang und Ende einer sinntragenden Aussage benannt werden.[38] Wenig ist mit dem Wort Term anzufangen, solange es noch begrifflicher Ausfüllung bedarf. Lewis Carroll bietet dem Leser zum Zwecke begrifflich unterscheidbarer Deutungen einen Strauß verschiedenartiger Ausdrücke wie Ding, Attribut, Substantiv, Adjektiv, Subjekt und Prädikat. Aufgabe ist es

[38] Zur Entstehung der Ausdrücke und ihrem Bedeutungswandel vgl. *Der Ursprung der Logik bei den Griechen* von Ernst Kapp, Göttingen 1965, S.37ff.

nun, diesen Komplex systematisch aufzulösen und gemeinsam mit den Kindern zu untersuchen, welche Voraussetzungen die ontologische, die semantisch-wortartdifferentielle und die syntaktische Deutung machen und ob sich diese Grundannahmen mit der Spracherfahrung decken oder nicht. Durch Problematisierung des als evident angebotenen kategorialen Gerüstes ergibt sich im Laufe der Gruppendiskussion die Möglichkeit, auf einsichtige Weise die für das Spiel der Logik erforderlichen kategorialen Unterscheidungen vorzunehmen.

Ding und Eigenschaft

Das Spiel der Logik hebt lakonisch mit der Behauptung an, dass die Welt Dinge und Eigenschaften enthalte. Nach dieser Auffassung, zu deren Rechtfertigung Lewis Carroll sich auf die natürliche Welterfahrung beruft, haften Eigenschaften als Attribute dergestalt an ihren dinglichen Trägern, dass kein Attribut existieren kann ohne zugehöriges Ding. Zur Illustration und als Hinführung zur Diskussion dieses dingontologischen Ansatzes bietet sich die „Cheshire-Cat-Episode“ aus Lewis Carrolls Alice im Wunderland an. Bekanntlich verschwindet besagte Katze, während ihr Lächeln bleibt. Was Alice zu der Feststellung veranlasst, dass sie schon Katzen ohne Lächeln aber noch kein Lächeln ohne Katze gesehen habe. Aus methodischen Gründen sollte die Aufzählung, dass die Welt Dinge und Eigenschaften enthalte, von dem Diskrimen, dass Eigenschaften im Gegensatz zu Dingen nicht selbständig existieren, gesondert werden, damit deutlich und klar bleibt, wann welche der beiden Behauptungen untersucht wird. Die gesonderte Behandlung beider Behauptungen stützt die systematische Vermittlung des didaktischen Ziels. Erstens sollen die Kinder lernen, dass die Zuordnung von Eigenschaften unabhängig von der ontologischen Unterscheidung zwischen Ding und Eigenschaft sprachpragmatisch in Kommunikationszusammenhängen gewährleistet werden kann. Zweitens soll der dingontologische Ansatz gerade durch die pragmatische Rekonstruktion alltäglicher Sprechsituationen seines Anscheins von Natürlichkeit beraubt werden.

In einem ersten Schritt kann die ontologische Aufzählung von Ding und Eigenschaft mit der Welterfahrung der Kinder konfrontiert werden, indem man fragt, ob sie eigentlich vollständig ist. Natürlich ergibt sich spontan, dass die Erfahrung reicher ist, als dass sie in diesem Schema aufgehen könnte. Im nächsten Schritt wird dann die Behauptung untersucht, dass eine Eigenschaft einem Ding zugehören muss, weil Eigenschaften nicht unabhängig von Dingen existieren. Die Untersuchung besteht darin, zu beobachten, ob beliebige Aussagen ohne Schwierigkeiten ontologisch übersetzt werden können. Als lebensweltliche Beispiele aus dem direkten Umfeld bieten sich Aussagen an wie etwa „Der Stuhl ist schwarz." und „Der Stuhl hat vier Beine.". Während die erste Aussage ohne Probleme dahingehend übersetzt werden kann, dass dem Stuhl die Farbeigenschaft schwarz zugehört, treten bei der zweiten Aussage erhebliche Zweifel auf, ob die Zugehörigkeit der Eigenschaft vierbeinig zum Stuhlding oder das Verhältnis eines Ganzen, dem Stuhl nämlich, zu seinen Teilen ausgedrückt wird. Um den Zweifel zu fördern, schlägt man vor, die Aussage „Dieser Stuhl hier ist jenem Stuhl dort ähnlich." zu betrachten. Einerseits besteht die Ähnlichkeit offensichtlich nicht unabhängig von den Stuhldingen, die einander ähnlich sind. Da andererseits aber die Aussage „Dieser Stuhl hier hat die Eigenschaft ähnlich." sinnlos ist, kann man auch nicht behaupten, dass Ähnlichkeit einem Ding zugehöre. In dem Wort eines Teilnehmers, dass die Ähnlichkeit irgendwie zwischen den Dingen liege, kommt sehr schön das ontologische Zwitterwesen der Ähnlichkeitsrelation zum Ausdruck. Infolge der Diskussion gerät auch die ontologische Begründung für die Zugehörigkeit von Eigenschaften zu Dingen ins Wanken. Denn im Falle der Ähnlichkeitsrelation hatte sich ja ergeben, dass sie keine Eigenschaft ist, obwohl sie nach alltäglichen Verständnis nicht unabhängig von den einander ähnlichen Dingen existiert.

Um zu klären, welchen Sinn die übrig gebliebene Phrase „Zugehörigkeit einer Eigenschaft zu einem Ding" noch annehmen kann, schlägt man den Kindern vor, den Ausdruck Ding durch den Ausdruck Dies zu ersetzen und diese Ersetzung bei der Zuordnung von beliebigen Eigenschaften auszuprobieren. Dabei bemerken die Kinder, dass je nach Sprechsituation der Ausdruck dies nicht nur dasjenige bezeichnet, was normalerweise Ding genannt wird, dass aber gleichwohl Eigenschaften zugeordnet werden können. Diese Beobachtung aufgreifend bittet man die Kinder jetzt umgekehrt verschiedene imaginierte Kommunikationssituationen durchzuspielen, in denen die Aussage „Dies ist schwarz." sinnvoll gebraucht werden könnte. Die Vorschläge der Kinder lassen sich hinsichtlich der Eigenschaftszuordnung und der Eigenschaftsexplikation sortieren. Entweder wird nämlich nach dem Muster „Dieser Stuhl ist schwarz." oder „Diese Farbe ist schwarz." vorgegangen. Damit ist klar, dass der Ausdruck dies kein anderer Name für Ding ist. Gleichzeitig hat die Beobachtung ergeben, dass Eigenschaften ohne Voraussetzung von Dingen zugesprochen werden konnten, sofern aus der Sprechsituation hinreichend deutlich wird, worauf der Ausdruck dies Bezug nimmt. Ziemlich unsicher bleibt somit, ob die von Lewis Carroll angebotene ontologische Unterscheidung von Ding und Eigenschaft irgendetwas zur Erklärung der die spielrelevanten Aussagen bildenden Terme beiträgt. Denn einerseits besitzen wir zu wenig Informationen, um Dinge, die es ja zweifellos gibt, von Eigenschaften begrifflich scharf zu trennen, andererseits funktioniert das Zusprechen von Eigenschaften in kommunikativer Intention unabhängig von der angebotenen ontologische Unterscheidung von Ding und Eigenschaft.

Substantiv und Adjektiv

Die Bedeutung der Ausdrücke Substantiv und Adjektiv sind den Kindern aus dem Schulunterricht geläufig. Infolgedessen kann unmittelbar in die Überprüfung von Lewis Carrolls Behauptung übergegangen werden, dass wir ein Substantiv gebrauchen, wann immer wir ein Ding erwähnen wollen. Der Gebrauch von Substantiven ist aber im Deutschen, dem bekanntlich Reichtum an Wortarttransformationen eigen ist, kein notwendiges Anzeichen für die Benennung eines Dings. Ein sofort verständlicher deutscher Satz wie „Fröhlichkeit ist ansteckend." enthält als Subjekt ein Substantiv, das im herkömmliche Verständnis kein Ding benennt, und als Prädikatsnomen ein partizipiales Verbaladjektiv, das kaum als eine Eigenschaft ansprechbar ist, da dieser Ist-Satz mit Sinnerhalt sofort in den Satz „Fröhlichkeit steckt an." umgeformt werden kann.

Die zweite Behauptung Lewis Carrolls, dass Adjektive Eigenschaften bezeichnen, wird überprüft, indem man die Kinder auffordert zu einer beliebigen Reihe von Substantiven, die als obligatorisches Element nur das Wort Ding enthalten soll, die entsprechenden Adjektive zu suchen, also etwa „Haus" und „häuslich", „Regen" und „regnerisch" und „Ding", und „dinglich". An der Adjektivierung von Substantiven und der vorangegangenen Substantivierung von Adjektiven zeigt man den Kindern schon deutlich, dass die Grenze zwischen den Wortarten nicht so starr ist, wie es der dingontologische Ansatz verlangen muss. Jetzt greift man zurück auf das Paar „Ding" und „dinglich" und hilft den Kindern durch gezieltes Nachfragen den Gebrauch des Adjektivs dinglich zu umschreiben, um dessen lexikalische Bedeutung festzumachen. Im Ergebnis kommt heraus, dass der Ausdruck dinglich einerseits heißt, von der Art der Dinge zu sein, und andererseits, Dinge zu betreffen. Die erste Bedeutungsnuance ist für den Aufbau des Arguments ausschlaggebend. Danach nämlich bezeichnet das Adjektiv die Eigenschaft, von der Art der Dinge zu sein oder kürzer ein Ding zu sein. Der zwar ungewöhnliche, aber durchaus verständliche deutsche Satz „Ein Auto ist dinglich." kann dann in den Satz „Ein Auto hat die Eigenschaft, Ding zu sein." und noch kürzer in den Satz „Ein Auto ist ein Ding." übersetzt werden. Um den Besitz von Eigenschaften auszudrücken, werden im Deutschen regelmäßig sowohl Adjektive als auch Substantive verwendet. Das heißt, dass das Zusprechen von Eigenschaften unabhängig von der grammatischen Unterscheidung zwischen Substantiven und Adjektiven geschieht. Damit fällt auch endgültig die dingontologische Verkopplung von Substantiv/Ding und Adjektiv/Eigenschaft, da dieser Ansatz weder notwendige noch hinreichende Bedingungen für den Gebrauch von Substantiven bzw. Adjektiven angeben kann.

Liest man den ersten Paragraphen des Spiels der Logik genauer, so kann man die Schwierigkeiten des dingontologischen Ansatzes schon daran erkennen, dass Lewis Carroll, um die Konsistenz seiner Ausführungen zu sichern, Regeln für die sinnvolle Verknüpfung von Substantiven und Adjektiven ohne Rücksicht auf den üblichen Sprachgebrauch postuliert. Er verlangt nämlich, dass durch den Ausdruck „ist" bzw. „sind" jeweils nur die Namen zweier Dinge, also Substantive, oder die Namen zweier Eigenschaften, also Adjektive, verbunden werden dürfen. Deshalb müsse die Kombination eines Substantivs und eines Adjektivs in einem Ist-Satz durch die Wiederholung des Substantivs zu einem sinnvollen Satz ergänzt werden. Seine Beispielsätze für diese drei Fälle lauten:

(i) Einige Schweine sind fette Tiere.

(ii) Rosa ist hellrot.

(iii) Einige Schweine sind rosa .

Hierbei ist Satz (iii) der Regel gemäß folgendermaßen zu ergänzen:

(iii)' Einige Schweine sind rosa Schweine.

Die Erklärung, warum Lewis Carroll eine solche syntaktische Manifestation propositionaler Sinnstiftung für unerlässlich hält, hat das Motiv zu berücksichtigen, klassenlogische Aussagen in eine möglichst leicht spielbare Tableaudarstellung zu überführen. Nun werden gewöhnlicherweise im Alltag in Entsprechung zu lebensweltlichen Erkenntnisinteressen Objekte klassifiziert, obwohl logischerseits nichts gegen Klassifikationen nach Eigenschaften spricht. Die durch Konvention festgelegte Wiederholung des Substantivs im dritten Beispielsatz hat somit erst einmal die Aufgabe einer spieltechnischen Anzeige. Sie soll unmissverständlich klarmachen, dass einer Teilklasse der Schweine die Eigenschaft rosa zugesprochen wird. Spielpraktisch ist diese Wiederholung also durchaus hilfreich. Aussagetechnisch dagegen ist sie hingegen überflüssig. Philosophisch interessanter ist die Begründung dieser Regeln, die Lewis Carroll in die rhetorische Frage kleidet, wie Dinge Attribute sein können. Ding und

Eigenschaft werden hier als Bezeichnungen oberster Klassen verstanden, unter die Weltvorkommnisse subsumierbar sein sollen. Diese beiden obersten Klassen dürfen sich weder begrifflich überschneiden noch können sie sinnvoll miteinander durch die Kopula zu einer Aussage verbunden werden. Denn sie haben unterschiedlichen Seinsstatus, was nur mehr durch die Tautologien Ding ist Ding und Eigenschaft ist Eigenschaft ausgedrückt werden kann. Soll jetzt dieser Seinsunterschied, der nach Carrolls Auffassung propositionalen Ist-Aussagen als ontologische Tiefenstruktur eingegraben ist, in ihnen auch wieder aufscheinen, so kommt es zu diesem merkwürdig ambivalenten Gebrauch von „ist" bzw. „sind" in den Beispielsätzen. Da Eigenschaften in dingontologischer Sichtweise nicht als subsistierende Träger von Eigenschaften auftreten können, erhält die Verbindung von Adjektiven in einer Ist-Aussage ausschließlich explikativen Sinn. Tatsächlich hat der Ausdruck „ist" im zweiten Beispielsatz definierenden Charakter. Der Sinn des Satzes liegt darin festzulegen, dass der Ausdruck „rosa" wie der Ausdruck „hellrot" zu verwenden ist. Im ersten und dritten Beispielsatz hingegen schwankt der Gebrauch des Wortes „sind" zwischen der Kopulafunktion des Zusprechens von Eigenschaften und der Gleichheitsrelation. Beide Lesarten sind möglich. In diesem Schwanken äußert sich die Spannung zwischen der aus Carrolls Entwurf eines für Kinder geeigneten Logikspiels entspringenden Methodik, die auf die alltäglich geübte Praxis des Zusprechens von Eigenschaften im rein funktionalen Gebrauch der Kopula zugreift, und seiner sprachphilosophischen Überzeugung, die eine ontologische Deutung des Wortes „ist" bzw. „sind" in propositionalen Aussagen favorisiert.

Subjekt und Prädikat

Mit der Unterscheidung zwischen Subjekt und Prädikat betritt das Spiel der Logik das Terrain, auf dem die entscheidenden kategorialen Unterscheidung gewonnen werden können. Durch die beliebten „Wer-oder-Was-Fragen", die den Grammatikunterricht beherrschen, sind die Kinder hinreichend vorbereitet, dass sie die syntaktische

Funktion der Prädikation verstehen, einem Aussagegegenstand, der die Subjektstelle belegt, einen Aussageinhalt, der die Prädikatsstelle belegt, zuzuschreiben. Dieses Verständnis ist Voraussetzung der für das Spiel der Logik tragfähigen kategorialen Unterscheidung von Gegenstand und Prädikat.

Die Vergewisserung, dass die syntaktische Funktion der Kopula sich in der Zuschreibung von Prädikaten erschöpft, erfolgt etwa über die Beispielsätze:

(i) Der Eiffelturm ist hoch.

(ii) Paula ist ein Mädchen.

(iii) Fröhlichkeit ist ansteckend.

Während im dritten Satz , wie schon dargelegt, das Wort „ist" problemlos durch die flektierte Form des Verbs „anstecken" zu eliminieren ist, ohne den Charakter der Prädikation zu verlieren, verlangt unser Sprachgefühl in den ersten beiden Sätzen den Gebrauch der Kopula, um einen sinnvollen Satz zu bilden. Dass diese Empfindung nur der Gewohnheit entspringt und keinen Anlass zu dem Verdacht bietet, hinter dem Gebrauch des Wortes „ist" verberge sich noch ein tieferer Sinn, zeigt der Gebrauch der Apposition. Der Satz „Die Cheshire-Cat, eine lachende Katze, kann sich unsichtbar machen." enthält eine Zuschreibung ohne Verwendung der Kopula, was sofort an der Erweiterung des Satzes „Die Cheshire-Cat ist eine lachende Katze und kann sich unsichtbar machen." erkennbar wird. Bemerkenswerterweise führte die Diskussion dieses Satzes zu einem Einwand, der eine unerwartete Repristination der Lehre von der ontologischen Bedeutung des Wortes „Sein" darstellte. Man könne das Wort „ist", so ein Teilnehmer, auf die Weise verstehen, dass seine Bedeutung in der Behauptung liege, etwas sei da oder existiere. Da die Cheshire-Cat nur in einem Buch auftrete, könne man ja sagen, dass eine Cheshire-Cat zwar in dem Buch benannt und beschrieben werde aber in Wirklichkeit nicht existiere oder nicht ist. Ohne sich auf die vertrackte Frage nach dem wirklich Seiendem einzulassen, kann der entsprechende Satz formuliert und gleichzeitig eine sinnerhaltende Umschreibung angeboten werden.

(i) Die Cheshire-Cat ist nicht.

(i)' Die Cheshire-Cat gibt es nicht.

(i)'' Es gibt keine Cheshire-Cat.

Dann bittet man um positive Beispiele dieser Verwendung des Wortes „Sein“ und deren Umschreibung, also etwa:

(ii) Menschen sind.

(ii)' Es gibt Menschen.

(iii) Paula ist.

(iii)' Es gibt Paula.

Die Kinder sollen jetzt die jeweiligen Umschreibungen auf primitive Aussagen zurückführen; etwa in der Form „Dies ist ein Mensch.“, „Das ist ein Mensch.“ oder „Dies ist Paula.“. Diese Reduktion zeigt, dass, wer auch immer behauptet, dass es Menschen gibt, Exemplare vorweisen muss, denen nach unserer Sprachgewohnheit das Prädikat Mensch zugeschrieben werden darf; bzw., dass, wer auch immer behauptet, dass es Paula gibt, eine Person kennt, die auf den Namen Paula getauft ist, und sie uns vorstellen kann.

Die Auswertung des Reduktionstests, der bei elementaren Zuschreibungen von Prädikaten endete, führt zu zwei wichtigen Erkenntnissen:

a) Um Existenzbehauptungen zu verteidigen, bedarf es keinerlei Verständnisses einer außersprachlichen Bedeutung des Wortes „Sein“. Ihre Beglaubigung kann durch sprachliche Reduktion erfolgen.
b) Diese Reduktion kann bei primitiven Aussagen enden, die eine elementare Zuschreibung von Prädikaten gemäß unseren Sprachgewohnheiten ausdrücken.

Nach diesem Exkurs mag das Eingangsbeispiel wieder aufgegriffen werden. In der Diskussion ergibt sich dann, dass nach unseren alltäglichen Sprachgewohnheiten von keinem Aussagegegenstand behauptet werden kann, dass er Cheshire-Cat benannt und mit den Fähigkeiten begabt ist, die Lewis Carroll in seinem Buch beschreibt. Gewissermaßen bleibt die Zuschreibung leer und unerfüllt, da sie durch kein Exemplar rechtmäßig gesättigt wird. Genau dieser erfahrungsgestützen Erwartung geben aber der negative Beispielsatz und seine Umschreibungen Ausdruck. Mithin kann auch an diesem ungewöhnlichen aber zulässigen Gebrauch des Wortes „ist" keine hinreichenden Informationen über dessen Seinsbedeutung abgelesen werden. Vielmehr ist es zur Bildung sinnvoller deutscher Sätze völlig ausreichend die operative Aufgabe der Kopula zu verstehen.

Um die Diskussion über kategoriale Unterscheidungen fortzuführen, schlägt man folgende These vor. Prädikate sind alle diejenigen Worte, die einem Aussagegegenstand zugeschrieben werden können. Beim Überprüfen der These bemerken die Kinder, dass sie nur schwer mit ihren schulgrammatischen Kenntnissen zur Deckung zu bringen ist. Daraufhin kann man den von Carnap geprägten Ausdruck Prädikator einführen. Diese Neueinführung erfüllt zwei Aufgaben. Zum einen wird darauf aufmerksam gemacht, dass jetzt eine andere als die schulgrammatische Sichtweise gefordert ist. Zum anderen wird durch die Wortwahl, die sich an die herkömmliche anlehnt, gezeigt, dass der syntaktische Anspruch nicht aufgegeben wird, die Struktur alltagssprachlicher Sätze zu beschreiben. Zur Definition des Ausdrucks Prädikator gibt man an, dass ein Prädikator Gegenständen zugeschrieben wird und mithin in einem sinnvollen deutschen Satz innerhalb der Prädikatsstelle auftauchen kann.[39] In der Anwendung dieser Definition erfahren die Kinder, dass sich der Ausdruck Prädikator nicht mit den Unterschieden zwischen Wortarten deckt. Unterschiedslos können nämlich Substantive, Verben oder Adjektive als Prädikator angesprochen werden, wodurch natürlich auch die durch Kundgabezwecke generierten Worttransformationen wie die Substantivierung oder Adjektivierung für die Betrachtung unerheblich werden. Die Kinder lernen also durch Beobachtung von Sprechsituationen, dass die logische Kategorie Prädikator durch pragmatische Rückführung auf dieselbe Sprechhandlung des Zuschreibens, deren Anwendung in verschiedenen Kommunikationszusammenhän-

---

[39]Vgl. hierzu Wilhelm Kamlah und Paul Lorenzen, *Logische Propädeutik*, Mannheim ²1973, S. 28ff.

gen geübt und stabilisiert wird, erklärt werden kann. Im Gegensatz zu der doppeldeutigen Frage, was der Ausdruck Prädikat ist, auf die als grammatikalisch richtige Antwort sowohl Substantiv als auch Satzfunktion erwidert werden mag, kann die Verwendung des Ausdrucks Prädikator ohne Berücksichtigung der klassischen Schulgrammatik alleine in der Bildung von exemplarischen Aussagen durch den Gebrauch spezieller Prädikatoren eingeübt werden. Gleichzeitig klärt diese exemplarische Einübung die Bedeutung des Ausdrucks Prädikator, indem sie seine syntaktische Aufgabe der Zuschreibung stabilisiert und festlegt.

Bei der Definition von Prädikator wurde stillschweigend der Ausdruck Gegenstand benutzt. Die Klärung dieses Ausdrucks muss sinnvollerweise zugleich mit der Klärung des Ausdrucks Prädikator erfolgen. Dies geschieht am besten durch Gegenüberstellung zweier Beispielsätze folgender Art:

(i) Dies ist ein Stuhl.

(ii) Dieser Stuhl ist schwarz.

Im ersten Beispiel fällt die Unterscheidung leicht. Der Gegenstand ist durch den Ausdruck „dies“ gekennzeichnet und ihm wird der Prädikator „Stuhl“ zugeschrieben. Im zweiten Satz steht der Ausdruck Stuhl an der Subjektsstelle, scheint folglich also ein Gegenstand zu sein. Um den Kindern zu verdeutlichen, dass die grammatische Unterscheidung von Subjekt und Prädikat sich nicht mit der kategorialen Unterscheidung von Gegenstand und Prädikator deckt, erinnert man daran, dass ein Prädikator innerhalb der Prädikatsstelle auftauchen kann aber nicht muss. Die Kinder kommen dann darauf, dass sich im zweiten Satz eine komplexe Prädikation verbirgt. Die extensive Formulierung des elliptischen Satzes sieht dann folgendermaßen aus:

(ii)' Dies ist ein Stuhl und schwarz.

An dieser Stelle kann der kategoriale Ausdruck Gegenstand so erklärt werden, dass ein Gegenstand nicht zugeschrieben werden kann, folglich niemals innerhalb der Prädikatsstelle auftauchen darf.

Um die kategoriale Unterscheidung zu vertiefen, zeigt man z. B. mit den Worten „dieser Stuhl“ auf einen Stuhl und mit den Worten „jener Stuhl“ auf einen anderen. Danach vertauscht man beide Stühle und weist wieder unter gleichzeitiger Äußerung des Satzes „Das ist dieser Stuhl.“ auf den zuerst bezeichneten. Das kommunikative Verständnis weiß natürlich, dass gemeint ist, dasjenige, worauf vorhin gezeigt wurde, sei dasselbe, worauf jetzt gezeigt wird, und dasjenige, worauf in beiden Fällen durch jeweils eine Zeigehandlung, die in der Verwendung der Demonstrativpronomina ihren gestischen Sprachausdruck gefunden hat, Bezug genommen wurde bzw. wird, sei ein Stuhl. Durch den Begriff der Zeigehandlung kann der Ausdruck Gegenstand ausreichend erläutert werden, so dass eine Täuschung durch äußerliche Ähnlichkeit alltagssprachlicher Satzgestaltungen vermieden wird. Vergleicht man nämlich die beiden Sätze

(i) Dies ist ein Stuhl.

(ii) Dies ist ein Gegenstand

miteinander, so scheint der Ausdruck Gegenstand wie ein Prädikator verwendet zu werden. Dadurch aber wäre die intendierte Unterscheidung zwischen beiden Ausdrücken hinfällig. Tatsächlich jedoch wurde der Ausdruck Gegenstand durch den Gebrauch des Demonstrativpronomens und eine begleitende Zeigehandlung eingeführt. Es empfiehlt sich daher, zunächst eine adäquate sprachliche Übersetzung der Begleitgeste zu finden. Ein Versuch der Übersetzung des zweiten Satzes könnte somit folgendermaßen aussehen:

(ii)' Dies bezeichnet einen Gegenstand.

Dagegen dürfte die entsprechende Übersetzung des ersten Satzes

(i)' Dies bezeichnet einen Stuhl.

kaum als gelungen betrachtet werden, was sofort anhand der Variationen „Dies bezeichnet einen Tisch.“ oder „Dies bezeichnet einen Bleistift.“ einsichtig werden dürfte. Beachtet man des weiteren, dass Gegenstände bislang nur als Zuschreibungsinstanzen dienen, wobei offen bleibt, was sie sind, kann man sich klarmachen, dass Satz (ii)‘ aussagt, das Demonstrativpronomen „Dies“ stehe für den bildungssprachlichen Ausdruck „Gegenstand“. Beide Ausdrücke können sich mithin wechselseitig ersetzen. Die Ersetzung eines der Ausdrücke durch den anderen überführt aber den Satz

(ii) Dies ist ein Gegenstand.

sofort in die Tautologie

(ii)" Dies ist Dies.

und gibt darin die logische Struktur des Satzes (i) preis. Syntaktisch manifestiert sich der Unterschied zwischen Prädikator und Gegenstand also darin, dass der Ausdruck Gegenstand sich nicht selbst zugeschrieben werden kann. Die Robustheit der kategorialen Unterscheidung und ihre Unabhängigkeit von grammatischen Oberflächenstrukturen erweist sich letztlich an ihrer Unempfindlichkeit gegenüber Satztransformation und Übersetzung. Die Reichweite der kategorialen Unterscheidung indessen verdeutlichen in Sätzen wie „Der Stuhl steht neben dem Tisch.“ oder „Der Mann füttert die Katze.“. In ihnen treten unbeschadet der grammatischen Verschiedenheit der Prädikate nach der vorgetragenen Auffassung ausschließlich Prädikatoren auf, die der Ergänzung durch zwei Gegenstände bedürfen. Ein-, zwei- oder mehrstellige Prädikatoren differieren nur mehr hinsichtlich ihrer gegenständlichen Ergänzungsbedürftigkeit. Einstellige Prädikatoren, die allein ausschlaggebenden für Lewis Carrolls Spiel der Logik, mag man nun weiter im Sinne von Eigenschaften von Gegenständen deuten, während mehrstellige Prädikatoren Relationen zwischen Gegenständen ausdrücken.

Satzbildungslehre

Nach klassisch aristotelischem Muster folgt auf die Darlegung der Kategorien die Erörterung der Satzbildung. Didaktisch ergibt es Sinn, diesen Aufbau insoweit zu übernehmen, als er der Einführung einschlägiger Ausdrücke des Carrollschen Logikspiels und ihrer Tableaudarstellung dient. Um zu vermeiden, dass durch die Frage, was ein Satz sei, die Kinder naheliegenderweise an den Grammtikunterricht in der Schule erinnert werden, sollte zunächst der Unterschied zwischen Schulgrammatik und der Grammatik des Logikspiels mit Rücksicht auf die schon erarbeiteten kategorialen Unterscheidungen angedeutet werden. Die Herausarbeitung der wesentlichen Züge der Spielgrammatik kann natürlich erst in der Unterrichtseinheit über Satzbildung erfolgen. Offensichtlich legt Carroll einen festen Regelkanon vor, der die Konstruktion und Deutung spielerheblicher Aussagen vorschreibt. Daher stellt sich mit der Frage, welche Aussagen für das Spiel relevant seien, gar nicht das Problem, ob die in seinem Logikspiel verwendeten Sätze die grammatische Struktur alltagssprachlicher Aussagen abbilden. Den Kindern sollte vielmehr verständlich gemacht werden, dass sie vor der Aufgabe stehen, das alltagssprachliche Material den Regeln des Spiels anzupassen. Aufgrund dieses didaktischen Konzeptes einer auf die Analyse exemplarischer Sprachverwendungen gründenden Rekonstruktion des spiellogischen Apparates bleibt der methodische Einsatz von Fenn-Diagrammen im Rahmen der Satzbildungslehre eine Abwägungsfrage. Unbestritten ist, dass die Veranschaulichung abstrakter Gegenstände als Lernunterstützung hilfreich sein mag. Gleichwohl muss berücksichtigt werden, dass eine solche Veranschaulichung, die ja anders als bei der Tableaudarstellung nicht als Ergebnis von Spielzügen auftritt, zu einer Verdinglichung des symbolisch Dargestellten verführen kann, da Abstrakta scheinbar abbildhaft vor Augen geführt werden. Die Verbildlichung durch Fenn-Diagramme kann somit sprachprozessuales Denken behindern, das abstrakte Gegenstände als Resultat gezielter und standardisierter Spracherweiterungen versteht. Erfahrungsgemäß sind Kinder im fraglichen Alter durchaus verfahrensorientiert, so dass die Verdeutlichung der Regeln für spielrelevante Aussagen anhand sprachlicher Beispiele sich als hinreichend erwiesen hat. Die Disziplinierung des Redens, die die Anwendung der Spielregeln verlangt, akzeptierten die Kinder um so williger, desto mehr der Eifer in den Vordergrund trat, die Reichweite regelkonformer Sprachoperationen und Transformationen zu erkunden.[40]

Zur Einübung der Satzbildungsvorschriften ist es von propädeutischem Belang, die Art der Aussagen auszuzeichnen, die als sprachliche Basis für das Spiel in Frage kommen. Bevor die Kinder die spezielle Sichtweise oder Deutung kennen lernen, mit der das Spiel der Logik auf das Alltagssprachmaterial zugreift, müssen sie also verstehen, dass die Bildung spielerheblicher, also propositionaler Aussagen schon einen Spielzug im Logikspiel darstellt. Es empfiehlt sich daher die erforderliche Auszeichnung der zu Grunde liegenden Aussageart selbst in einem Spiel mit wohldefinierten Spielzügen vorzunehmen. Dadurch wird die nötige Distanz zu einem ungefilterten Alltagssprachgebrauch bewirkt und die Einsicht geweckt, dass anhand eines vereinfachten pragmatischen Spielmodells versucht werden kann, die Komplexität des Sprachgebrauchs verständlich zu rekonstruieren. Dieses Spiel, das sehr stark von Wittgensteinschen Gedanken inspiriert ist, soll in drei Varianten durchgespielt werden.[41] Es besteht aus einem Sprecher, einem Geber und einem Schiedsrichter, der den Spielablauf überwacht. Sprecher und Geber sitzen sich an einem Tisch gegenüber. Der Geber hat fünf Karten verschiedener Farbe offen vor sich liegen, die durch eine Sichtblende vor dem Sprecher, der die Farben der Karten kennt, verborgen sind.

In der ersten Variante des Spiels ist nur die Nennung der Farbnamen ein erlaubter Spielzug. Der Sprecher eröffnet das Spiel durch Nennung einer Farbe. Daraufhin darf der Geber eine beliebige Karte heben. Gewonnen hat der Sprecher, wenn Farbname

[40]Interessant ist in diesem Zusammenhang die Beobachtung, dass man ein Spiel nur richtig spielen kann, wenn man es ernst nimmt. Hans-Georg Gadamer, *Wahrheit und Methode*, Tübingen [4]1975, S. 98ff, zieht daraus den Schluss, dass dem Spiel eine existenzielle Handlungsvalenz innewohne, die unabhängig vom reflexiv zu sichernden Spielbewusstsein bestehe. Subjekte des Spiels seien also nicht die jeweiligen Akteure, vielmehr brächten sie das Spiel bloß zu Darstellung.

[41]Vgl. hierzu Friedrich Waismann *Logik – Sprache – Philosophie*, Stuttgart 1985, S. 414ff.

und Farbe der Karte übereinstimmen. In der zweiten Variante fordert der Sprecher den Geber auf, die Karte einer bestimmten Farbe zu zeigen. Der Geber hat das Recht eine beliebige Karte beliebig oft zu heben. Falls der Geber eine andersfarbige Karte dem Sprecher zeigt, darf dieser, um das Spiel zu gewinnen, seine Aufforderung in weiteren Spielzügen so lange wiederholen, bis der Geber im Gegenzug die entsprechende Karte hebt. In der dritten Variante schließlich soll der Sprecher eine richtige Behauptung über die Farbe einer bestimmten Karte aufstellen, indem er etwa die Aussage „Die Karte ist gelb.“ bildet. Der Geber hat wieder das Recht jede beliebige Karte zu heben. Hebt der Geber nun etwa statt der gelben die grüne Karte, sieht die Gewinnstrategie des Sprechers so aus, dass er in einem zweiten Spielzug seinen ersten revidieren kann, indem er seine Aussage verneint und auf diese Weise eine richtige Behauptung über die Farbe der Karte aufstellt.

Augenfällig ist den Kindern natürlich, dass die Gewinnchancen von Sprecher und Geber ungleich verteilt sind. Während der Sprecher in den ersten beiden Spielvarianten kaum eine Aussicht hat zu gewinnen, gibt es für den Geber in der dritten Variante keinen Gewinnzug. Diese Ungleichheit gibt dann den Einstieg zur gemeinsamen Auswertung und Diskussion des Spiels. Wichtig ist, dass die Kinder auch in der Diskussion im Auge behalten, dass Nennen, Auffordern und Aussagen in den jeweiligen Spielvarianten Spielzüge sind, wodurch sich unter sprachpragmatischen Gesichtspunkten ihre Deutung als Sprachhandlungen leichter verständlich machen lässt. Dass beim Nenn- und Aufforderungsspiel die Erfüllung der Gewinnerwartungen von den außersprachlichen Handlungen des Gebers abhängt, lässt sich in sprachpragmatischer Sicht dann auch an der Alltagserfahrung verdeutlichen. Namen treffen konventionell zu oder nicht, jedenfalls unterliegt die Benennung in der Regel nicht in der Willkür der Sprecher einer Sprache sondern nur der Vollzug des Benennungsaktes. Wenn wir bemerken, dass wir uns bei Benennungen vergriffen haben, fangen wir an, die gemeinte Sache zu umschreiben. Werden Zweifel an unserer Verwendungsweise einer Benennung laut, versuchen wir im Rahmen einer Gebrauchsdefinition etwa unsere

Verwendung des Namens plausibel zu machen. Noch klarer tritt beim Aufforderungsspiel der Zusammenhang mit der Alltagserfahrung zu Tage. Kommt ein Adressat einer Aufforderung nicht nach, gibt es normalerweise in dieser Situation für den Adressanten drei Möglichkeiten zu reagieren. Er wiederholt seine Aufforderung dringlicher, er gibt die Forderung auf oder er setzt sie mit anderen Mitteln durch.

Der Pointe der dritten Spielvariante liegt dagegen in der Revidierbarkeit der Spielzüge durch den Sprecher. Die Kinder sollen lernen, dass in diesem Fall anders als in den beiden vorangehenden Varianten eine Sprechhandlung durch eine Sprechhandlung derselben Art zurückgenommen werden kann. Tatsächlich entspricht diese Deutung der Spielregel der alltäglichen Auffassung einer vernünftigen und toleranten Gesprächsführung, die es dem Partner gestattet, unhaltbar gewordene Behauptungen zurückzunehmen, um den Gesprächsanschluss nicht zu verlieren. Die Diskussion des Aussagespiels führt zu dem Ergebnis, dass die Kinder erkennen, dass die Verneinung ein operatives Zeichen ist, das eine positive Aussage in ihr Gegenteil umformt und umgekehrt. Wenn etwas bejaht wird, wird es eben nicht verneint und, wenn etwas verneint wird, wird es nicht bejaht. Auf dieser wechselseitigen Abhängigkeit von Position und Negation aufbauend ist die pragmatische Revidierbarkeit von Aussagen wahrheitssemantisch interpretierbar. Sofern die Position nämlich falsch ist, muss die Negation richtig sein. Ist die Negation aber richtig, muss die Position falsch sein. Zum Verständnis dieses Widerspruchs zwischen Wahrheit und Falschheit werden den Kinder beliebige bejahte oder verneinte Aussagen vorgelegt, die nur die Bedingung erfüllen müssen, dass ihr jeweiliger Wahrheitsgehalt für die Kinder überprüfbar ist. Die Aufgabe besteht darin, falsche Aussagen in wahre zu überführen. Als einziges sprachliches Mittel verfügen die Kinder dazu nur über die Verneinung falscher Aussagen. Enthält die Mustersammlung der Beispielsätze zudem verneinte falsche Aussagen, lernen die Kinder in dieser Übung korollar die gegenseitige Ersetzbarkeit von Bejahung und doppelter Verneinung.

Im Zusammenhang mit der Einführung des Widerspruchs kam von einem Teilnehmer ein Einwand, der eine intensivere Beschäftigung mit dem Prinzip des zu vermeidenden Widerspruchs erzwang. Das vorgetragene Argument ist beachtlich scharfsinnig, obwohl es nicht stichhaltig ist. Es könnte damit auch an dieser Stelle zur provozierten Verständnisvertiefung in den Unterricht eingebaut werden. Ein zehnjähriges Gruppenmitglied bemerkte, wenn ein Tischtuch etwa weiß und rot kariert sei, könne man sagen, das Tischtuch sei weiß und rot. Nun könne man aber auch sagen, das Tischtuch sei weiß und nicht weiß, weil rot ja gleich nicht weiß sei. Nachdem das Argument an die Gruppe zurückgegeben worden war, wurde sehr schnell klar, dass dieses Verfahren sich bei komplexen Sätzen, die konjungiert einem Gegenstand Eigenschaften zuschreiben, verallgemeinern lässt. Die Ausgangslage ist hoch dramatisch. Denn scheinbar folgen Widersprüche aus völlig unbedenklichen Beschreibungen von Sachverhalten. Die Kinder versuchten zuerst durch präzisere Beschreibungen das Problem, das offensichtlich Unbehagen bereitete, zu eliminieren. Man dürfe also die Aussage, das Tischtuch sei kariert, nur in eine Folge von Beschreibungen dergestalt auflösen, dass man sage, an diesen Stellen sei das Tischtuch rot und an jenen Stelle sei es weiß. Obwohl dieser Ansatz schon an den Kern des Problems rührt, scheitert er daran, dass in diesem Zusammenhang keine hinreichenden Bedingungen für präzise Beschreibungen angegeben werden können. Kein kompetenter Sprecher wird die nach obigem Muster unmittelbar in einen Widerspruch umformbare Aussage, dass dieser Tisch dort braun sei, für eine weniger präzise Beschreibung des Sachverhaltes halten als die Aussage, dass der Gegenstand dort ein Tisch und dass derselbe Gegenstand die Farbe Braun habe.

Nachdem Ad-hoc-Festlegungen semantischer Kriterien für präzise Beschreibungen fehlgeschlagen sind, ist offensichtlich, dass die Lösung des Problems also nicht in dem hoffnungslosen Versuch liegt, in Anmessung an verschiedene Sachverhalte Kriterien zu finden, die eine Formulierung scheinbarer Widersprüche ausschließen. Größeren Erfolg verspricht vielmehr die Untersuchung des Sprachgebrauchs, um zu verstehen, was Beschreibungen von Sachverhalten leisten sollen. Den Weg, die Aufgaben und das Funktionieren vernünftiger Rede zu betrachten, schlägt schon Aristoteles im vierten Buch seiner Metaphysik ein, um die Angriffe gegen das Prinzip des zu vermeidenden Widerspruchs zu widerlegen.[42] Methodisch lassen sich die Aristotelischen Argumente, die anhand exemplifizierter Dialogverläufe dargestellt werden, ohne Schwierigkeiten in eine zielführende Erklärung des Widerspruchsprinzips umsetzen oder gar einfügen. Erforderlich zur Rekonstruktion der typischen Art und Weise des Sprachgebrauchs ist, dass mit den Kindern die Beobachtungsbedingungen festgelegt werden und dass auf deren Einhaltung gemeinsam geachtet wird. Zunächst werden zwei Freiwillige gesucht, die nicht von der Auswertung des Versuchs ausgeschlossen sind. Der eine übernimmt die Rolle, auf vorhandene Dinge im Raum durch Gesten hinzuweisen. Der andere benennt diese Gegenstände. Im ersten Versuchsablauf unterliegt er der Einschränkung, nur über die Ausdrücke Tisch und Stuhl verfügen zu dürfen. Hierbei ist es erlaubt, alle Dinge im Raum, die weder Tisch noch Stuhl sind, durch die Ausdrücke Nicht-Tisch bzw. Nicht-Stuhl zu benennen. Hingegen ist es geboten, Tische und Stühle mit den entsprechenden Ausdrücken zu belegen. Im zweiten Versuchsablauf wird die Einschränkung dahingehend verstärkt, nur noch die Ausdrücke Nicht-Tisch bzw. Nicht-Stuhl zu verwenden. Das führt natürlich dazu, dass etwa die Verwendung des Ausdrucks Nicht-Stuhl nur die Differenzklasse zu der Art von Gegenständen, die als Stühle bezeichnet werden, herstellen kann. Die Auswertung ergibt nun, dass die Dinge unseres Miniaturkosmos, der durch den Unterrichtsraum gebildet wird, in beiden Versuchsabläufen durch die benennenden Ausdrücke sortiert werden. Während aber im zweiten Versuch die Möglichkeit des Sortierens auf Alternativen beschränkt ist, gestatten im ersten Versuch die differenzierteren Benennungsmöglichkeiten, die selbstverständlich mit der namentlichen Identifizierung verschiedener Arten von Gegenständen einhergehen, eine differenzierte Zerfällung des Kosmos in die drei Komplementärklassen Stuhl, Tisch oder weder Stuhl noch Tisch. Indem der Entscheidungsraum durch identifizierende Benennungen vergrößert wird,

[42]Vgl. Aristoteles, Metaphysik, Γ 1005b, 19 – 1007a, 20.

verfeinert sich auch die Möglichkeit, im Wahrnehmungsfeld vorkommende Gegenstände zu sortieren.

Um die gewonnenen Erkenntnisse zu vertiefen und den Bogen zum Widerspruchsprinzip erneut zu schlagen, kann man den Versuch kurz unterbrechen, um das Verkehrte-Welt-Argument zu diskutieren. Man legt fest, dass in der verkehrten Welt keine Benennung das benennt, was sie benennt. Danach benennt der Ausdruck Stuhl keine Stühle. Definitionsgemäß bezeichnet der Ausdruck Nicht-Stuhl diejenigen Gegenstände, die in normaler Redeweise Stühle genannt werden. Dann heißt die Aussage „Dies dort ist ein Nicht-Stuhl" nichts anderes als, dass dies dort ein Stuhl ist. Dieser Sachverhalt läßt sich in der Aussage, dass Stühle Nicht-Stühle sind, zusammenfassen. Die Frage lautet nun, ob diese Aussage den Widerspruch hergibt, dass Stühle keine Stühle sind. Tatsächlich liegt hier nur der Anschein eines Widerspruchs vor. Denn die Aussage, dass Stühle Nicht-Stühle sind, ist nur die elliptische Formulierung der Konstitutionsregel der verkehrten Welt. Sie besagt nämlich, die Verwendung des Ausdrucks Stuhl in normaler Redeweise ist in der verkehrten Welt gleich der Verwendung des Ausdrucks Nicht-Stuhl. Der in diesem Argument entwickelte Gedanke einer intensionalen Entschärfung scheinbarer Widersprüche ist nun auch leitend für den nächsten Versuchsablauf. Hierbei werden die Einschränkungen soweit aufgehoben, dass alle Dinge im Raum mit den entsprechenden Nomen versehen werden dürfen. Zusätzlich ist die Verwendung von Farb- und Formadjektiven erlaubt. Damit ist es nicht nur möglich, Gegenstände zu sortieren und zu identifizieren, sondern sie können auch unter Form- bzw. Farbgesichtspunkten neu gruppiert werden. Dies legt natürlich die Vermutung nahe, dass auch auf der Aussageebene verschiedene Prädikate unbeschadet ihres unterschiedlichen intensionalen Gebrauchs demselben Gegenstand durchaus miteinander kompatibel zugeschrieben werden können, ohne einen Widerspruch erzeugen zu müssen.

Nach Klärung der Vorfeldprobleme kann man sich jetzt wieder der Anfangsaussage zuwenden. Wichtig ist noch einmal die Erinnerung an die pragmatische Revidierbarkeit von Aussagen. Wer sagt, das Tischtuch sei weiß und nicht weiß, weil das Tischtuch rot und weiß kariert und rot gleich nicht weiß ist, nimmt seine Aussage in derselben Aussage zurück. Man kann diesen Vorgang mit dem unsicheren Agieren eines Schachanfängers vergleichen, der seine Figur auf ein anderes Feld bewegt und sie wieder aufs Ausgangsfeld zurückstellt, bevor der Gegner einen Zug machen kann. Wie der Anfänger nicht Schach spielt, weil er keinen Zug macht, so sagt derjenige ja gar nichts mehr aus, der den Satz ausspricht, das Tischtuch sei weiß und nicht weiß. Woher aber kommt der Anschein, hier wäre folgerichtig ein Widerspruch erzeugt worden. Die Schwachstelle des Einwandes liegt in der Gleichsetzung von „rot" und „nicht weiß". Wenn nämlich die Behauptung, dass rot gleich nicht weiß ist, stimmte, dann müsste aus Gründen der Symmetrie auch die Umkehrung gelten. Nun bezeichnet aber, wie die Versuche gezeigt haben, der Ausdruck nicht weiß neben rot mindestens auch noch alle anderen Farben außer weiß. Allenfalls könnte man mithin sagen, der Ausdruck weiß ist nicht gleich oder ungleich dem Ausdruck rot. Zufriedenstellender ist die ausführliche Umschreibung, dass die Ausdrücke rot bzw. weiß unterschiedlich gebraucht werden um unterschiedliche Farben zu bezeichnen. Durch diese auf den Sprechzweck gerichtete Umschreibung, die auf analoge Fälle ausgeweitet werden kann, kommt der ganze Unterscheidungsreichtum von Sprache zum Tragen, die sich unserem Bedürfnis anpasst, uns in der Welt zu recht zu finden.

Inklusion und Exklusion

Um das Logikspiel überhaupt spielen zu können, bedarf es weiterhin genauer Auskunft über den Aufbau und die Struktur der verwendbaren Aussagen. „Das Spiel der Logik" deutet die spielerheblichen Aussagen extensional im Sinne eines Inklusions- bzw. Exklusionsverhältnisses zwischen den Umfängen verschiedener Klassen. Verdeutlicht werden kann dieser Sachverhalt an Carolls Behandlung singulärer Sätze.

Die Aussage etwa „Peter ist groß.“ wird als Inklusionsverhältnis zwischen zwei Klassen aufgefasst, wobei die durch den Eigennamen Peter bezeichnete Klasse idealerweise genau ein Element enthalten soll. Die korrekte Übersetzung der Aussage lautete somit: Die Einerklasse Peter ist Teil der Klasse groß. Zu beachten ist allerdings, dass die Zuordnung von Prädikat und Gegenstand im Rahmen einer solchen klassenlogischen Deutung von Aussagen auf verschiedene Weise verwendet wird. Die Aussage zum Beispiel „Dies dort ist ein Baum.“ sortiert einen Gegenstand nach seiner Klassenzugehörigkeit. Sie drückt also aus, dass der deïktisch gekennzeichnete Gegenstand als Element in eine Klasse fällt. Spielrelevant dagegen sind Aussagen, die ein Verhältnis zwischen Klassenumfängen darstellen. Denn ausschließlich solche Aussagen können in eine stabile und wiederholbare Verfahrensform überführt werden, die alle Übergänge von Aussage zu Aussage regelt. Eine alltägliche Aussage wie „Dieser Baum dort steht in meinem Garten.“ ist die Verknüpfung zweier primitiver Aussagen zu einer. Nach dem maßgeblichen Sinn des Spiels lautet sie eigentlich „Dies ist ein Baum und steht in meinem Garten.“. Extensional drückt diese komplexe Aussage aus, dass die gekennzeichnete Einerklasse in der Klasse der in meinem Garten stehenden Bäume enthalten ist und folglich das Element der einen Klasse auch in die andere fällt. Sie könnte damit als Prämisse in einen exemplarischen Schluss eingefügt werden, wenn man etwa als weitere Prämisse die Aussage „Die Bäume in meinem Garten sind grün.“ nimmt.

Die Beherrschung des Umgangs mit spielrelevanten Aussagen erfordert einige recht schwierige Abstraktionsschritte. Die Kinder müssen lernen, Klassenumfänge herzustellen und in Beziehung zueinander zu setzen. Mit Rücksicht auf die Einführung der Quantoren empfiehlt es sich, die Konstruktion spielrelevanter Aussagen an den Satzverknüpfungen „und“ und „oder“ zu trainieren. Deren Verwendungsweise kann an einem alltäglichen Beispiel dargelegt werden. Wenn man einem Gast zum Kaffee oder Tee Zucker und Sahne anbietet, kann er die das Angebot ausdrückende Frage „Möchtest Du Zucker und Sahne?“ bejahen. Dann reicht man dem Gast Zuckerdose und

Sahnekännchen. Die Frage allerdings „Möchtest Du Zucker oder Sahne?“ kann der Gast nicht schlicht bejahen. Hier kann er wählen, ob er Zucker oder ob er Sahne oder ob er, da es normalerweise in einer solchen Situation als grob unhöflich gilt, einen Gast vor einander ausschließende Alternativen zu stellen, Zucker und Sahne nimmt. Mit der Verknüpfung zweier Aussagen durch „und“ legt sich also der Sprecher in unserem Beispiel insoweit fest, als dass er nämlich Zucker und Sahne zusammen anbietet. Deshalb kann der Gast dieses kombinierte Angebot genau so wie das einfache Angebot „Möchtest Du Zucker?“ mit einem Ja beantworten. Lehnt der Gast das Zucker- und Sahneangebot ab, muss er seinen Wunsch äußern, ob er nur Sahne, nur Zucker oder den Kaffe bzw. Tee schwarz nimmt. Hingegen bleibt es beim „oder“ dem Gast überlassen, welches der beiden Angebote er wählt. Der Sprecher erklärt nur, dass er für beide Angebote, welches auch immer gewählt wird, einsteht. Der Gast kann somit die Frage „Möchtest Du Zucker oder Sahne?“ gar nicht bejahen, da der Gastgeber keine Information über die Wünsche seines Gastes erhält sondern nachfragen müsste, was der Gast denn nun wolle. Der Gast kann aber die Frage „Möchtest Du Zucker oder Sahne?“ problemlos verneinen; denn er erklärt damit, dass er seinen Kaffee bzw. Tee schwarz trinke. Die spielregelkonforme Verwendungsweise der beiden Satzverknüpfungen sieht somit vor, dass bei der Und-Verknüpfung jede Teilaussage gelten soll, während es die Oder-Verknüpfung offen lässt, welche Teilaussage gilt. Notwendig ist es nur, dass wenigstens eine der Teilaussagen zutrifft.

Nachdem die Konstruktionsregeln soweit vorgestellt worden sind, kann nun die spielgrammatische Tiefenstruktur der Aussagen diskutiert werden. Dies geschieht wiederum am besten an alltagssprachlichen Beispielen, von denen eines kurz erläutert werden soll. Angenommen der Buxtehuder Zoo besitzt zwei Löwen, die der Einfachheit halber die Namen Hans und Grete erhalten, dann drückt die Aussage „Hans und Grete sind Löwen des Buxtehuder Zoos.“ den Umstand aus, dass der Umfang der Klasse Löwen des Buxtehuder Zoos durch die beiden Einerklassen Hans und Grete gebildet wird. Dann führt man etwa als weiteres Prädikat „Trompete spielen“ ein, da natürlich

Löwen ihrer Stellung entsprechend eine große Entrade mit Fanfarenstößen verlangen dürfen, und formuliert die Aussage „Die Löwen des Buxtehuder Zoos spielen Trompete.“. Die Kinder sollen ausprobieren, diese Aussage in eine Aussagen, deren Teilaussagen durch „und“ verbunden sind, umzuformulieren. Tatsächlich lässt sie sich umformen in „ Hans und Grete sind Löwen des Buxtehuder Zoos und sie spielen Trompete.“. Die grammatische Reduktion macht sofort deutlich: es ist ausgeschlossen, dass Hans und Grete Löwen des Buxtehuder Zoos sind und nicht Trompete spielen. Die obige Beispielaussage drückt daher aus, dass die Klasse Trompetenspieler die Klasse Löwen des Buxtehuder Zoos vollständig umfasst und einschließt. In entsprechender Weise kann dann über die Aussage „Die Löwen des Buxtehuder Zoos spielen nicht Violine.“ auch die Exklusion eingeführt werden, indem sie in die Aussage „Hans und Grete sind keine Löwen des Buxtehuder Zoos oder sie spielen keine Violine.“ umgeformt wird. Da nun bekannt ist, dass die erste Teilaussage falsch ist, muss wegen der Oderverknüpfung die zweite Teilaussage richtig sein. Ausgeschlossen ist nur der Fall, der beide Teilaussagen falsifiziert. Dies nämlich würde bedeuten, dass Hans und Grete Löwen des Buxtehuder Zoos wären aber auch Violine spielten. Damit aber ist die Exklusion ausgedrückt, die Klasse Löwen des Buxtehuder Zoos und die Klasse Violinspieler seien elementefremd.

Quantifizierung

Die Ouantifizierung schließt die Rekonstruktion des sprachlichen Spielmaterials ab. Die Handhabung der Ausdrücke Alle und Einige erlaubt die Standardisierung und Schematisierung des Schlussverfahrens, so dass dessen tableauartige Darstellung mithilfe von Spielmarken anstelle von Sätzen möglich wird. Denn der Gebrauch der Quantoren legt automatisch die Reichweite der Klassenprädikate fest und bestimmt somit deren Umfang. Darlegen lässt sich die Bedeutung der Quantoren für die Satzbildungslehre im Rückblick auf den erreichten Diskussionsstand. Bisher wurde das

Verhältnis zwischen Klassenumfängen sichergestellt, indem wenigstens eine Kennzeichnung einer Klasse gebraucht wurde, wodurch die Elemente des Klassenumfangs als bekannt vorausgesetzt werden konnten. Erinnert sei an den Beispielsatz „Die Löwen des Buxtehuder Zoos spielen Trompete.“. Hier war nicht nur die Anzahl der Elemente bekannt, die den Umfang der Klasse bilden, sondern die Elemente waren sogar namentlich identifizierbar. Dieses Wissen bliebe aber gebunden an die nur außerhalb des erfahrbare Tatsache, dass sich im Buxtehuder Zoo die beiden Löwen Hans und Grete befinden. Das Spiel der Logik muss aber wie übrigens jedes andere Spiel auch spielexterne Faktoren ignorieren, um Spielsituationen zu erzeugen. Da diese Spielsituationen nun regelgeleitet hergestellt werden sollen, gibt es nur mehr die Alternative, Zusatzregeln zur Auszeichnung besonderer abzählbarer Umfänge aufzustellen. Sicherlich könnte man die Aussage „Die beiden Löwen des Buxtehuder Zoos spielen Trompete.“ als einen Satz, d. h. Spielzug betrachten, wenn man die Spielregeln so erweitert, dass die Bildung dieses Satzes davon abhängt, dass die Anzahl der Löwen des Buxtehuder Zoos gleich zwei ist und alle Löwen des Buxtehuder Zoos Trompete spielen. Wie aber sofort ersichtlich ist, machte die Integration aufzählbarer Umfänge, deren Diversität kaum überschaubar sein dürfte, wegen der Vergrößerung des formalen Handwerkszeuges Carrolls Spiel der Logik, das in einem Verfahren besteht, die Übergänge von Satz zu Satz zu schematisieren, unnötig kompliziert. Deshalb erscheint es sinnvoll, für das Spiel nur Satzbildungsregeln zuzulassen, die die Verhältnisse zwischen beliebigen Umfänge beschreiben. Genau dies aber leisten schon Quantoren wie Alle oder Einige.

Methodisch ist am zweckmäßigsten die erforderlichen Abstraktionsschritte anhand des Quantors Alle zu erklären. Sprachpragmatisch kann man sich die Verwendung des Quantors Alle als eine schematische, beliebig oft wiederholbare Anwendung der Und-Verknüpfung vorstellen. Den Satz etwa „Alle Löwen spielen Trompete.“ kann man folgendermaßen übersetzen: „Dieser Löwe spielt Trompete und jener Löwe spielt Trompete u.s.w..“ Dadurch ist erstens sofort ersichtlich, dass die Anzahl der Elemente eines Umfangs und ihre namentliche Identifizierung unerheblich ist. Denn aus dem Satz „Alle Löwen spielen Trompete.“ ergibt sich sofort, dass auch alle Löwen des Buxtehuder Zoos Trompete spielen, sofern dort ein Zoo mit Löwen existiert. Zweitens kann deutlich gemacht werden, dass Quantoren ontologisch betrachtet Eigenschaften von Klassen aber niemals Eigenschaften von Elementen sind, die in eine Klasse fallen. Denn der Satz „Alle Löwen spielen Trompete.“ drückt aus, dass die Klasse Löwe in der Klasse Trompetenspieler enthalten ist, indem nämlich extensional das Verhältnis zwischen den beiden Klassen so bestimmt ist, dass eben ausgeschlossen ist, dass irgendein beliebiges Element der Klasse Löwe nicht auch als Element der Klasse Trompetenspieler auftritt. Drittens schließlich liegt spielgrammatisch betrachtet mit der Quantoreneinführung eine genuine Satzbildungsregel vor und keine Abkürzung einer endlichen Aufzählung. Denn sonst wäre der Satz „Alle Löwen des Buxtehuder Zoos spielen Trompete.“ nur eine Transkription der etwas umständlicher formulierten Aufzählung „Hans ist ein Löwe des Buxtehuder Zoos und er spielt Trompete und Grete ist ein Löwin des Buxtehuder Zoos und sie spielt Trompete.“. Tatsächlich aber drücken beide Sätze einen ganz unterschiedlichen Sinn aus. Während die Aufzählung Gegenständen Prädikate so zuordnet, dass die Rechtmäßigkeit der Zuordnung nur einzelfallweise überprüft werden kann, behauptet die Allaussage, dass das Prädikat Trompetenspieler das Prädikat Löwe des Buxtehuder Zoos impliziert, sofern nämlich jedem beliebigen Gegenstand, dem das Prädikat Löwe des Buxtehuder Zoos rechtmäßig zugesprochen wird, dann auch das Prädikat Trompetenspieler zugeordnet werden muss.

Das Verstehen dieses dritten Schrittes - nämlich die Erzeugung spielerheblicher Aussagen durch Verwendung der Quantoren - ist so wichtig, dass er am besten den Kindern spielerisch nahe gebracht wird. Die Kinder erhalten fünf weiße und fünf schwarze Mühlespielsteine. Sie werden aufgefordert, diese Steine dergestalt in eine dergestaltige Reihenfolge zu bringen, dass sie mit dem weißen Stein beginnend immer weiße und schwarze Steine einander abwechseln lassen. Die Kinder sehen sofort, dass die Reihung beliebig fortgesetzt werden könnte, wenn beliebig viele Steine vorhanden wären. Damit erkennen sie aber auch, dass sie im Abzählen der Handlungsoptionen die Farbe jeden beliebigen Steines an jeder beliebigen Position der Reihe vorhersagen können, ohne faktisch eine Reihung durch Aneinanderlegen der Steine hergestellt zu haben. Intuitiv haben die Kinder also die Abstraktionsleistung schon vollzogen und mithin verstanden, was von ihnen verlangt wurde, nämlich dasselbe Schema in verschiedenen Handlungen zu aktualisieren.

Wieder an die Einführung des Quantors Alle anzuknüpfend bietet man den Kindern eine Übersetzung der Aufforderung „Beginne mit dem weißen Stein und lege dann abwechselnd schwarze und weiße Steine aneinander!" in Form einer offenen Aufzählung von Handlungsanweisungen an, wie z. B. „Fange mit dem weißen Stein an, lege daran einen schwarzen, dann wieder einen weißen, dann einen schwarzen usw.!" Die Analogie zum pragmatischen Verständnis des Quantors Alle ist hierin offensichtlich. Während aber im einen Fall die Handlung des Anlegens von Steinen verschiedener Farbe als beliebig oft wiederholbar betrachtet wird, ist im anderen Fall eine bestimmte prädikative Zuschreibung, wenn man will ein und dieselbe Sprachhandlung, beliebig oft zu vollziehen. Der Beispielsatz „Alle Löwen spielen Trompete." beschreibt somit, dass jedem jemals zu findenden Löwen auch das Prädikat Trompetenspieler zugeschrieben werden soll. In einem neuen Schritt lässt man dann die Kinder überlegen, welche Auswirkung ein falsch positionierter Stein auf eine vorliegende Reihung besitzt, indem man die Frage stellt, ob eine Reihe von hundert Steinen falsch konstruiert ist, wenn an 67. Stelle statt eines weißen ein schwarzer Stein liegt. Die Diskussion soll ergeben, dass die Reihenbildungsregel keine Eigenschaften der einzelnen Steine sondern ihre Reihenfolge, also die Eigenschaft einer Reihung angibt. Mithin ist die regelgerechte bzw. gegen die Regel verstoßende Positionierung eines Steines nur relativ auf eine vorliegende Sequenz von Steinen, die nach der Reihenbildungsregel hergestellt wurde, beschreibbar. Dementsprechend ist die Reihe der hundert Steine in dem Beispiel falsch konstruiert, weil eben an der 67. Stelle ein schwarzer Stein liegt.

Analog zu diesem Gedankenexperiment kann dargelegt werden, dass der Satz „Alle Löwen spielen Trompete." schon dann widerlegt ist, sobald man wenigstens einen Löwen findet, der nicht Trompete spielt. Schon eine einzige Gegeninstanz sprengt also eine mithilfe des Quantors ausgedrückten Umfangsbildung, die die Einschließung des Gesamtumfangs der Klasse Löwe durch die Klasse Trompetenspieler darstellt. Wie man in dem Beispiel einer Reihung von hundert Spielsteinen die Reihe nach der 67. Position nicht weiter bis zum Ende zu durchlaufen brauchte, um die fehlerhafte Konstruktion der ganzen Reihe beweisen zu müssen, so könnte auch hier die Richtigkeit des Satzes „Alle Löwen spielen Trompete." nicht durch noch so viele zukünftig gefundene Trompete spielende Löwen restituiert werden.

Zumindest erweist sich der Allquantor somit als äußerst hilfreich, um das Verhältnis zwischen zwei Umfängen so eindeutig festzulegen, dass es in einem schematischen Verfahren darzustellen ist. Auf Grundlage dieser Zielvorgabe kann aber umgekehrt die Unverzichtbarkeit der Quantifizierung für das Spiel der Logik erklärt werden. Mit diesem Verzicht nämlich begäbe man sich in Abhängigkeit vom faktischen alltagssprachlichen Bedeutungsgebrauch, dessen Variationen und Nuancen zwar in metakommunikativen Situationen gesichert sind aber kaum spielgemäß standardisiert werden können. Sicherlich mögen Umstände auftreten, in denen der Satz „Löwen spielen Trompete." als gleichwertige Übersetzung des Satzes „Alle Löwen spielen Trompete." betrachtet werden darf. Die Hürde besteht nun darin, im Rahmen des Spiels der Logik keine generelle Übersetzungsregel formulieren zu können, mit deren Hilfe die Umfangsverhältnisse eindeutig darstellbar sind. Um dies an einem Beispiel zu klären, soll zunächst die alltagssprachliche Übersetzung „Löwen spielen Trompete." ohne Sinnänderung grammatisch in den Satz „Löwen sind Trompetenspieler." transformiert werden. Offensichtlich sind das Prädikatsnomen und das Subjekt des transformierten Satzes nicht gegeneinander austauschbar, weil bekannt ist, dass nicht nur Löwen Trompeter sind. Dagegen sind in dem Satz „Menschen können lachen." vermittels sinnerhaltender grammatischer Operationen sogar Prädikat und Subjekt gegeneinander austauschbar. Der Satz „Wer lachen kann, ist ein Mensch." ist deshalb zulässig, weil unserem Ermessen nach das Lachen als ein ausschließliches Charakteristikum menschlicher Wesen anzusehen ist. Betrachtet man nun den Satz „Löwen sind Trompetenspieler." und die etwas holprig klingende Umschreibung „Menschen sind lachen könnende." des ursprünglichen Beispielsatzes „Menschen können lachen." als vollgültige spielerhebliche Übersetzungen der jeweils entsprechenden quantifizierten Sätze, dann könnte man Umfangsverhältnisse im Rahmen der Konstitution der sprachlichen Spielbasis formal nur mehr durch dieselbe Zeichengestalt, nämlich das Wort „sind" ausdrücken, das in beiden Sätzen erscheint. Nun wird aber im ersten Fall die Inklusion beschrieben, während der zweite Fall die Umfangsgleichheit bezeichnet. Damit ist der Anspruch, ein generell schematisierbares Spielverfahren vorzulegen, schon gescheitert, da nicht ausgeschlossen werden kann, dass dieselbe Zeichengestalt in denselben spielerheblichen Satzgestaltungen unterschiedlich gebraucht wird, mithin dass die Zeichenbedeutung gar nicht standardmäßig durch Regeln festgelegt ist.

Um die Quantorenverwendung zu stabilisieren, empfiehlt es sich, ein logisches Netzwerk mithilfe des Allquantors und der Verneinung aufzubauen. Je nach dem, ob man die Verneinung auf den Quantor oder die Prädikatszuschreibung bezieht, ergeben sich bei nur einmaliger Anwendung der Negation für den Beispielsatz „Alle Löwen spielen Trompete." die beiden Kombinationen „Nicht alle Löwen spielen Trompete." und „Alle Löwen spielen nicht Trompete.". Der letzte Satz ist völlig unproblematisch in dem Satz „Kein Löwe spielt Trompete." wiederzuerkennen. Da aber erfahrungsgemäß Schwierigkeiten bei der Transkription des ersten Satzes auftreten, sollte zur Verständniserleichterung ein Umweg eingeschlagen werden. Bekannt ist ja schon, dass die Verneinung die Kontradiktion der Bejahung ist. Das heißt: entweder der bejahte Satz ist wahr und seine Verneinung falsch oder der verneinte Satz ist wahr und seine Bejahung falsch. Deshalb kann man fragen, welcher der beiden Sätze dem Satz „Alle Löwen spielen Trompete." widerspricht.

Die Überprüfung besteht einfach im Ausprobieren. Angenommen der Satz „Alle Löwen spielen Trompete." trifft zu, dann muss der Satz „Kein Löwe spielt Trompete." falsch sein. Umgekehrt gilt dies natürlich auch. Wenn aber der Satz „Alle Löwen spielen Trompete." falsch ist, dann ergibt sich daraus nicht zwangsläufig, dass der Satz „Kein Löwe spielt Trompete." wahr ist. Denn es kann ja einen Löwen geben, der nicht Trompete spielt sondern sich mit der Violine bescheidet. Ebenso gilt, dass der Satz „Nicht alle Löwen spielen Trompete." dann falsch sein muss, wenn der Satz „Alle Löwen spielen Trompete." wahr ist. Unter der Bedingung, dass der Satz „Alle Löwen spielen Trompete." falsch ist, muss im Gegensatz aber der Satz „Nicht alle Löwen spielen Trompete." wahr sein. Der Satz „Nicht alle Löwen spielen Trompete." ist infolgedessen die gesuchte Kontradiktion des Satzes „Alle Löwen spielen Trompete.". Aus der Einführung des Allquantors ging hervor, dass der Widerspruch dann statthaft ist, wenn es wenigstens einen Löwen gibt, der keine Trompete spielt. Die Phrase „Es gibt wenigstens einen Löwen, der keine Trompete spielt." gibt man überlicherweise durch den Satz „Einige Löwen spielen nicht Trompete." wieder. Verständlich wird diese Transkription, wenn man sich den Quantor Einige pragmatisch als eine offene, beliebig wiederholbare Oderverknüpfung begreiflich macht. Diese ist ja schon dann wahr, wenn wenigstens einer ihrer Gliedsätze zutrifft. Entsprechend dem Muster kann man dann auch den Satz „Einige Löwen spielen Trompete." als Kontradiktion des Satzes „Kein Löwe spielt Trompete." einführen. Zu klären bleibt dann nur noch das Verhältnis zwischen dem bejahten Allsatz und dem bejahten partikularen Satz, bzw. spiegelbildlich das Verhältnis zwischen verneintem Allsatz und verneintem partikularem Satz, und zwischen dem bejahten partikularen und dem verneinten partikularen Satz. Wer nun immer auch den Allsatz behauptet, dass alle Löwen Trompete spielen, räumt damit auch den partikularen Satz ein, dass einige Löwen Trompete spielen. Partikulare Sätze können somit problemlos neben einander bestehen. Wer sagt, dass einige Löwen Trompete spielen, gibt auch zu, dass einige Löwen nicht Trompete spielen. Das bedeutet aber, beide Sätze können gleichzeitig wahr sein, nur dürfen sie nicht gleichzeitig falsch sein. Um die Quantorenverhältnisse einzuprägen, können sie grafisch dargestellt werden, indem jeweils die diagonal gegenüberliegenden Eckpunkte eines Quadrates mit den entsprechenden Kontradiktionen belegt werden wie z. B.:

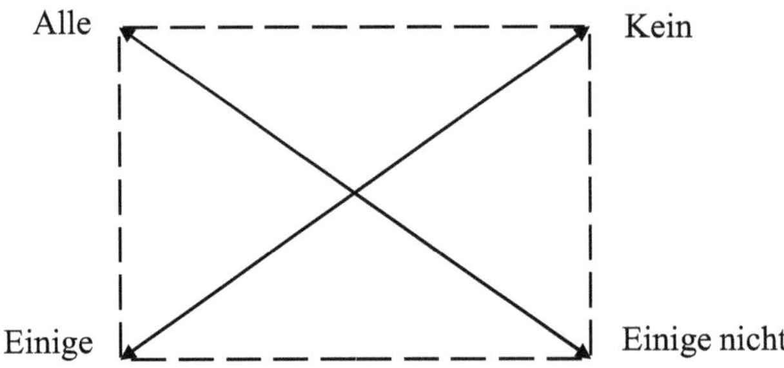

Ein sicheres Indiz dafür, dass die Kinder die Verhältnisse im Quantorennetzwerk verstanden haben, bietet die Fähigkeit, quantifizierte Sätze zu konvertieren. So kann man fragen, ob aus dem Satz „Kein Löwe ist ein Trompetenspieler.“ auch der Satz folgt „Kein Trompetenspieler ist ein Löwe.“ Sobald die Kinder erkannt haben, wie problemlos die einfache Umkehrung eines negierten Allsatzes funktioniert, weil eben die betreffenden Umfänge einander ausschließen, prüft man, ob dies auch so simpel bei den partikularen Sätze geht. Und tatsächlich bereiten die Übergänge von den Sätzen „Einige Löwen sind Trompetenspieler.“ bzw. „Einige Löwen sind keine Trompetenspieler“ zu den Sätzen „Einige Trompetenspieler sind Löwen.“ bzw. „Einige Trompetenspieler sind keine Löwen.“ keinerlei Schwierigkeiten. Denn hier wird nur behauptet, dass die Klassen Löwe und Trompetenspieler einen Teilumfang gemeinsam haben bzw. nicht haben. Problematisch ist alleine der bejahte Allsatz. Die Umkehrung „Alle Trompetenspieler sind Löwen.“ folgte nämlich nur in dem Sonderfall, dass die Klassen Löwe und Trompetenspieler denselben Gesamtumfang hätten. Nun drückt aber der Satz „Alle Löwen sind Trompetenspieler.“ normalerweise nicht mehr aus, als dass der Umfang der Klasse Trompetenspieler den Umfang der Klasse Löwe vollständig einschließt. Aus dem Inklusionsverhältnis, das der Allsatz ausdrückt, ergibt sich aber interessanterweise in der Umkehrung, dass außerhalb des Umfangs der Klasse Trompetenspieler kein Element des Umfangs der Klasse Löwe angetroffen wird. Dieses Exklusionsverhältnis läßt sich seinerseits durch den Satz „Alle diejenigen, die nicht Trompete spielen, sind nicht Löwen.“ beschreiben, der nach den Quantorenregeln in den Satz „Keiner, der nicht Trompete spielt, ist ein Löwe.“ umgeformt werden kann. Außerdem ist durch Überlegung klar zu machen, dass es, wenn das im Allsatz beschriebene Inklusionsverhältnis gültig ist, Trompetenspieler geben muss, die Löwen sind, aber auch Trompetenspieler, die keine Löwen sind. Dieser Sachverhalt kann aber schon durch den Satz „Einige Trompetenspieler sind Löwen.“ eingeholt werden. Somit sind Allsätze nur dann zu konvertieren, wenn entweder der Allquantor durch Verneinung der beiden Prädikate erhalten bleiben kann oder ein Quantorentausch stattfindet.

Die Tableaudarstellung spielrelevanter Aussagen

Das Spielbrett versucht die klassenlogischen Verhältnisse zweidimensional abzubilden. Dazu verfährt Lewis Carroll auf die Weise, dass er eine Klasse vollständig in disjunkte Teilklassen zerlegt. Damit ist sichergestellt, dass jedes Element der Klasse eindeutig einer Teilklasse zugeordnet werden kann. Als Beispiel mag wieder die Klasse Löwe herhalten. Sie wird zergliedert in Teilklassen junge Löwen und Trompete spielende Löwen. Um eine vollständige Disjunktion zu erreichen, erzeugt man die Differenzklassen zu den obigen Teilklassen. Dabei ist unbedingt darauf zu achten, dass diese Erzeugung ausschließlich durch Anwendung der Negation erfolgt. Denn offensichtlich ist die Zergliederung in junge und alte Löwen keine vollständige Disjunktion der Klasse Löwe. Zwar ist jeder alte Löwe nicht jung, aber ein nicht alter Löwe muss deshalb noch kein junger Löwe sein. Große Vorsicht ist auch bei der Anwendung der deutschen Vorsilbe „un“ geboten. Sie kann nämlich sowohl im Sinne der Negation als auch der Privation benutzt werden. Eine unwahre Aussage ist selbstverständlich nicht wahr und damit das kontradiktorische Gegenteil einer wahren Aussage. Dagegen ist eine ungute, also eine schlechte Handlung weder gut noch moralisch indifferent. Die Ausdrücke gut und ungut bzw. schlecht bezeichnen in diesem Kontext einen polaren Gegensatz zur Bewertung von Handlungen. Wird dann die Teilklassenzerlegung durch die Variablen X und Y wiedergegeben und deren Differenzklassen durch X' und Y' gekennzeichnet, dann gliedert sich das Spielbrett zu folgendem Tableau auf:

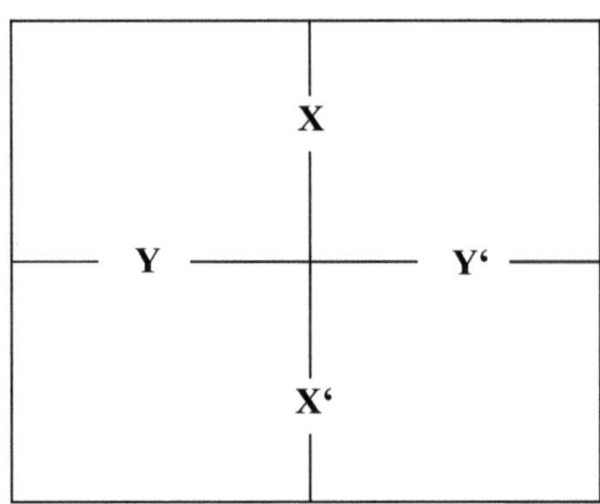

Belegt man X mit dem Ausdruck jung und Y mit der Phrase Trompete spielen, entspricht das obere linke Feld der Klasse junge, Trompete spielende Löwen. Im Uhrzeigersinn weiter gehend gelangt man im oberen rechten Feld zur Klasse der jungen, nicht Trompete spielender Löwen, im nächsten unteren rechten Feld zur Klasse der nicht jungen, nicht Trompete spielenden Löwen und zuletzt im linken unteren Feld zu Klasse der nicht jungen, Trompete spielenden. Löwen.

Zur Darstellung von Aussagen werden diese Felder mit Spielsteinen besetzt. Es gibt zwei Arten von Steinen, was vor dem Spiel durch Farbwahl deutlich zu machen ist. Der Einer-Stein gibt an, dass diejenige Klasse, die durch das betreffende Feld repräsentiert wird, wenigstens ein Element enthält. Der Null-Stein besagt, dass diese Klasse leer ist, also kein Element enthält. Die Aussage „Einige junge Löwen spielen Trompete." wird im Tableau dann folgendermaßen ausgedrückt:

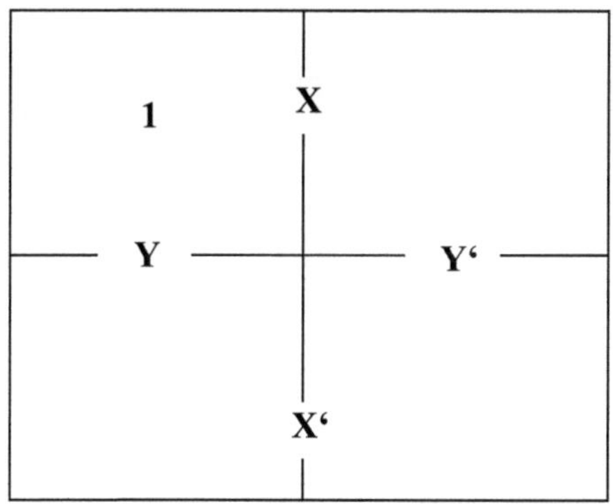

Diese Spielstellung zeigt an, dass die Klasse der jungen, Trompete spielenden Löwen wenigstens ein Element enthält. Diesen Sachverhalt drückt die Aussage “Es gibt wenigstens einen jungen, Trompete spielenden Löwen.“ aus, die ohne besondere Schwierigkeiten in die Ausgangsaussage „Einige junge Löwen spielen Trompete.“ Umgeformt werden darf.

Die Aussage „Kein junger Löwe spielt Trompete.“ sieht dagegen so aus:

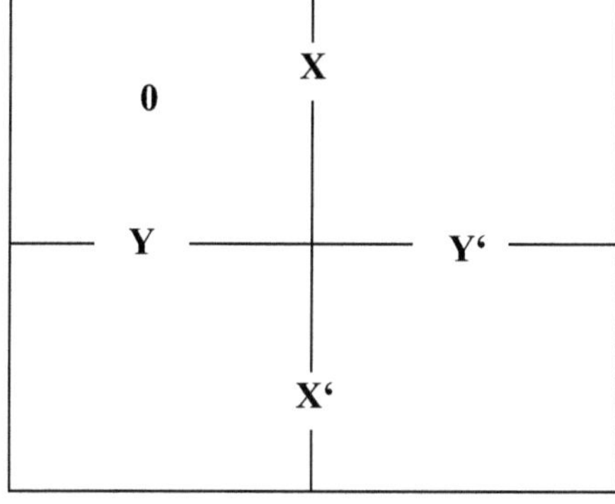

Eine gewisse Sonderstellung nimmt die Belegung der Achsen des Spielbrettes ein.

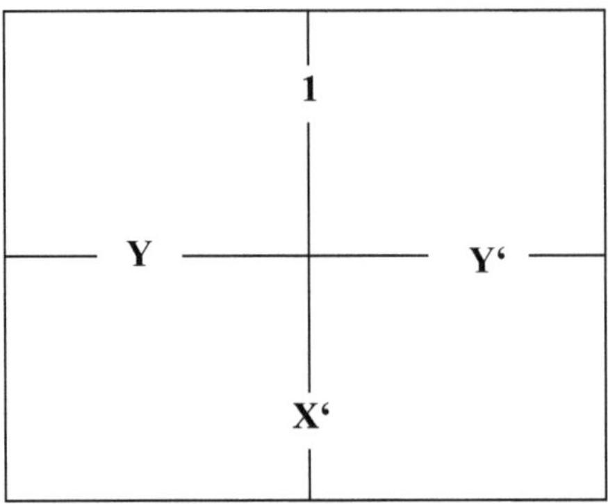

Diese Tableaustellung heißt, es gibt einige junge Löwen. Ohne Angabe, ob Löwen nun Trompete spielen oder nicht, folgt daraus sofort, dass es überhaupt Löwen gibt. Läge an dieser Stelle der Null-Stein, bedeutete dies, es gibt keine jungen Löwen. Aus dieser Aussage kann man aber nicht erschließen, ob es überhaupt keine Löwen gibt, ohne zu wissen, dass auch der untere Teil der Achse mit einem Null-Stein belegt ist. Um die Eindeutigkeit bei der Belegung mit Null-Steinen sicherzustellen, gestattet Lewis Carroll ihre Positionierung nur innerhalb der vier Felder des Spielbretts, während für Einer-Steine ein freizügigerer Gebrauch unschädlich ist, der auch die Belegung der Achsen des Spielbretts erlaubt.

Bejahte universelle Aussagen führt Lewis Carroll als logisches Produkt der bejahten partikularen und der verneinten universellen Aussage ein. Der Allsatz zum Beispiel „Alle jungen Löwen spielen Trompete." ist danach das Ergebnis einer Verknüpfung der Aussagen „Einige junge Löwen spielen Trompete." und „Kein junger Löwe spielt nicht Trompete.". In diesem Fall muss also das XY-Feld mit einem Einer-Stein und das XY'-Feld mit einem Null-Stein belegt werden.

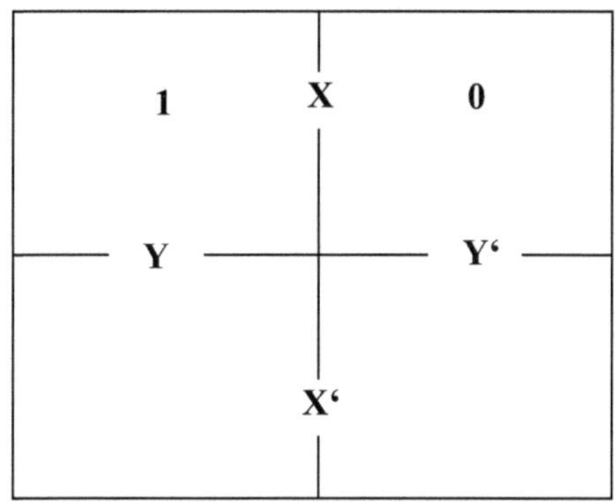

Die Darstellung von bejahten Allaussagen durch diese Stellung ist auf den ersten Blick ungewöhnlich, lässt sich aber in gewissen Umfang spieltechnisch rechtfertigen. Wird nämlich die Ersetzung des Ausdrucks „Keine“ durch den Ausdruck „Alle nicht“ zugelassen, resultiert aus der Aussage, dass kein junger Löwe Trompete spielt, die Aussage „Alle jungen Löwe spielen nicht nicht Trompete.“ und durch Ersetzung der doppelten Negation durch die Position schließlich die Aussage „Alle jungen Löwen spielen Trompete.“. Mithin könnte auch schon die Positionierung des Nullsteins im XY‘-Feld eine ausreichende Darstellung der bejahten Allaussage liefern. Der Grund, warum Lewis Carroll jedoch seine Darstellung wählt, dürfte darin liegen, dass die Positionierung des Nullsteins – wie oben gezeigt - die Belegung der anderen Felder offen lässt. Die Positionierung des Einer-Steins hingegen charakterisiert immer einige Elemente der Gesamtklasse durch Zuordnung einer Teilklasse. Wäre nun die Positionierung des Null-Steins hinreichend, konfligierte die ontologische Deutung der Tableaudarstellungsweise mit ihrer logisch-grammatischen. Um die Aussage „Alle Löwen spielen Trompete.“ darzustellen, müsste zusätzlich zum XY‘-Feld auch das X’Y‘-Feld mit einem Null-Stein belegt werden. Die insinuierte Aussage „Kein Löwe, sei er jung oder nicht jung, spielt nicht Trompete.“ soll dann heißen „Alle Löwen spielen Trompete.“. Da aber beide Felder der ontologischen Deutung nach kein Element enthalten, müsste die Übersetzung in diesem Fall lauten, dass alle Löwen, die weder jung noch nicht jung sind, Trompete spielen. Aus dieser missverständlichen Lage ließe sich dann der Widerspruch erzeugen, dass alle Löwen Trompete spielen, und dass es keine Löwen gibt. Indem Lewis Carroll seine Darstellung bejahter Allaussagen wählt, beseitigt er durch spieltechnische Intervention die Schwierigkeiten, allerdings auf Kosten der syntaktischer Geschmeidigkeit und der Deutungsfreiheit. Das bedeutet, dass die Aussage „Alle jungen Löwen spielen nicht Trompete." und die Aussage „Kein junger Löwe spielt Trompete." im Spiel der Logik nicht äquivalent sind. Sie drücken unterschiedliche klassenlogische Sachverhalte aus, weil sie nur durch unterschiedliche, nicht auf einander zurückführbare Tableaudarstellungen ausgezeichnet werden können.

Ein weiteres Problem, das Lewis Carrolls Darstellung der Allsätze macht, liegt darin, dass die sogenannte Transposition im Tableau nicht abbildbar ist. Bei der Einführung der Quantoren hatte sich aufgrund einfacher Überlegungen ergeben, dass eine Behauptung der Art wie z. B., alle jungen Löwen spielen Trompete, gleichzeitig die Behauptung einschließt, alle Löwen, die nicht Trompete spielen, sind nicht jung. Diese wechselseitige Implikation ist aber in der Tableaudarstellung propositionaler Aussagen nicht plausibel abbildbar. Die erste Aussage müsste in eine konjugierte Aussage zerlegt werden, die die beiden Teilaussagen, einige junge Löwen spielen Trompete und kein junger Löwe spielt nicht Trompete, und sieht in der Spieldarstellung so aus:

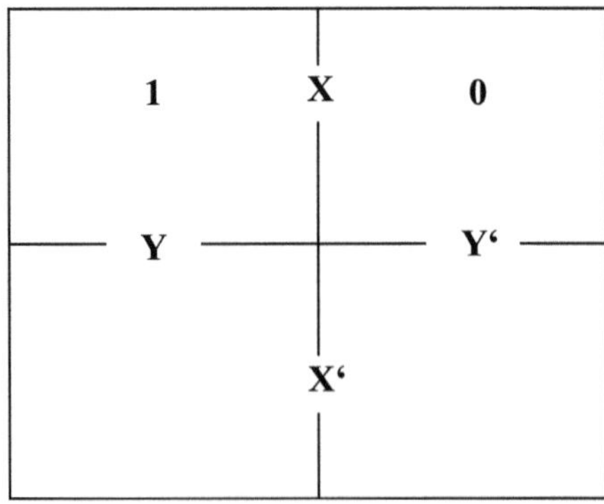

Die zweite Aussage besteht aus den Aussagen, einige Löwen, die nicht Trompete spielen, sind nicht jung und kein Löwe, der nicht Trompete spielt, ist jung. Bei entsprechender Belegung ergibt sich daraus folgendes Tableau:

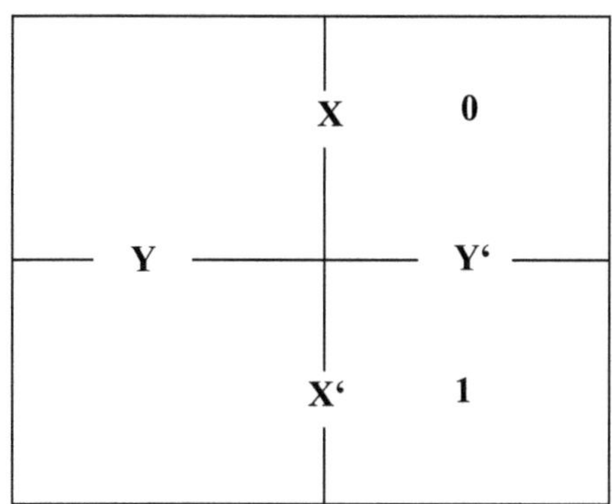

Mit dieser Darstellung aber ist die Transposition nicht einsichtig zu machen. Es soll einmal vorausgesetzt werden, dass von der konjugierten Aussage, einige junge Löwen spielen Trompete und kein junger Löwe spielt nicht Trompete, folgerichtig überzugehen ist zu der Aussage, einige Löwen, die nicht Trompete spielen, sind nicht jung und kein Löwe, der nicht Trompete spielt, ist jung. In beiden Aussagen taucht unter Berücksichtigung der Konversionsregel zweimal dieselbe Teilaussage auf, nämlich kein junger Löwe spielt nicht Trompete. Da ohne Schwierigkeiten von einer Aussage zu derselben Aussage übergegangen werden kann, hinge schon die einfache Implikation der konjugierten Aussagen nur mehr vom Übergang zwischen den partikularen Teilaussagen ab. Sicherlich können die beiden Aussagen, einige junge Löwen spielen Trompete und einige Löwen, die nicht Trompete spielen, sind nicht jung, ko-existieren. Wenn aber die eine Aussage die andere implizierte, müsste auch eingeräumt werden, dass daraus, dass in den Umfang der Klasse junger, Trompete spielender Löwen einige Elemente fallen, zwangsläufig folgt, dass auch im Umfang der Klasse nicht junger und nicht Trompete spielender Löwen einig Elemente sich befinden. Für die Tableaudarstellung bedeutete dies dann aber, dass die Verteilung der Einer-Steine auf die Felder beliebig wäre.

Schlussverfahren

Die Folgerung von Schlusssätzen orientiert Lewis Carroll am traditionellen Vorbild der Syllogistik. Aus zwei Prämissen, die drei Termini paarweise kombinieren, wird eine Konklusion gezogen, die das Verhältnis zwischen zwei Termini eindeutig festlegt. Dieses Verfahren verlangt eine umfangreiche Normierung nach Schlussfiguren und Schlussweisen, um die zulässigen Schlüsse herauszufiltern. Das Spiel der Logik aber kann durch seine Tableaudarstellung der Schlüsse diese Arbeit umgehen, da invalente Schlüsse keine regelkonforme Darstellung finden. Um mit Folgerungen umgehen zu können, benötigt man ein zweites, anders gestaltetes Spielbrett.

Ein über den Schnittpunkt der Achsen gelegtes, durch den Buchstaben m gekennzeichnetes Binnenquadrat bildet dabei die erforderliche dritte Klasse ab.

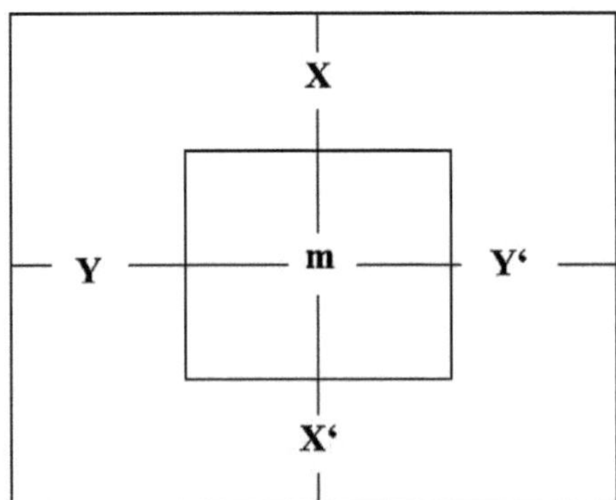

Nach klassenlogischer Deutung müssen nämlich in den Prämissen drei Klassen auftauchen, deren Verhältnis durch universelle oder partikulare Inklusion bzw. Exklusion definiert ist, um in der Konklusion ein wiederum nach diesem Schema ausdrückbares Verhältnis zwischen zwei Klassen zu gewinnen. Die Differenzklasse m‘ zur Klasse m taucht zwar auf dem Spielbrett nicht auf, zur Herstellung von eindeutigen Tableaus aber wird die Fläche außerhalb des Binnenquadrates als der Bereich m‘ bestimmt.

Obwohl Lewis Carroll Schlusstableaus ausführlich dokumentiert, sollen die Regeln für Züge zur Darstellung von Schlüssen explizit in ihrem systematischen Zusammenhang erläutert werden am Beispiel des Schlusses von den Aussagen „Alle netten Löwen spielen Trompete.“ und „Alle jungen Löwen sind nett.“ auf die Aussage „Alle jungen Löwen spielen Trompete.“. Der X-Bereich des Spielbrettes bezeichne die Klasse der jungen Löwen, der Y-Bereich die Trompete spielenden Löwen und der M-Bereich die netten Löwen. Die erste Prämisse ist in die Teilaussagen „Einige nette Löwen spielen Trompete.“ und „Kein netter Löwe spielt nicht Trompete.“ zu zerlegen. Lewis Carroll empfiehlt, zuerst die Null-Steine zu legen, da sie immer eindeutig positioniert werden können. Folgt man dieser Empfehlung müssen für die erste Prämisse die Null-Steine in demjenigen Bereich liegen, der durch m und Y‘ umgrenzt wird. Die Einer-Steine liegt dagegen im Bereich von m und Y und müsste auf der Y-Achse zu liegen kommen.

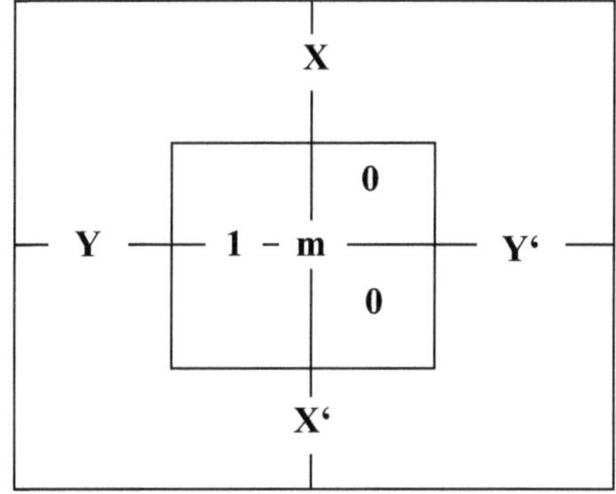

Mit der zweiten Prämisse wird ebenso verfahren. Durch Zerlegung ergeben sich die Aussagen „Einige junge Löwen sind nett.“ und „Kein junger Löwe ist nicht nett.“. Während die Null-Steine problemlos im Bereich von X und m‘ verteilt werden können, überschneidet sich der Bereich von X und m, der jetzt mit einem Einer-Stein belegt werden müsste, mit dem Bereich von Y‘ und m aus der ersten Prämisse, die schon eine Belegung durch einen Null-Stein erforderte. Damit steht dieser Teilbereich für den Einer-Stein aus der zweiten Prämisse nicht mehr frei. Obwohl derjenige Bereich, in den der Einer-Stein noch ziehen könnte, in der Reichweite eines Einer-Steins aus der ersten Prämisse liegt, muss der Einer-Stein aus der zweiten Prämisse hier positioniert werden. Als Regel kann man formulieren: eine Überschneidung der Reichweiten von Einer-Spielsteinen ist erlaubt. Falls jedoch ein Bereich, der in die Reichweite eines Einer-Steines fällt, schon durch einen Null-Stein belegt ist, gilt der Supremat des ersten Zuges. Die Positionierung des Einer-Steins ist dann auf das freie Feld eingeschränkt. Nach dieser Regel sieht das Tableau für die zweite Prämisse so aus:

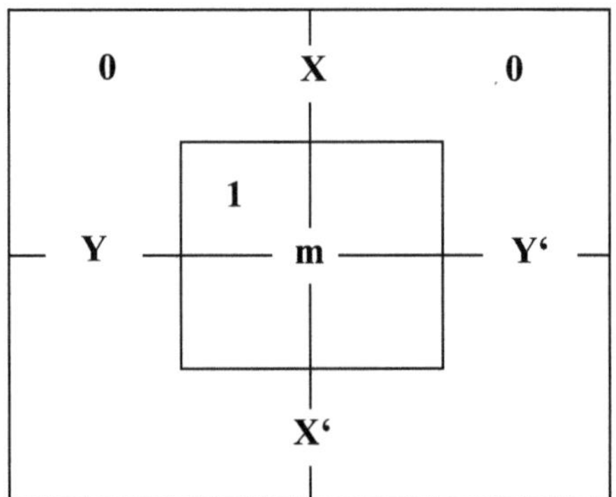

Um das Gesamttableau des Schlusses jetzt darzustellen, muss nur noch die Positionierung des Einer-Steins aus der ersten Prämisse eindeutig festgelegt werden. Da der Einer-Stein aus der zweiten Prämisse klar einem Feld zugewiesen werden musste, wird auch die Reichweite des Einer-Steins aus der ersten Prämisse auf dieses Feld eingeschränkt. Dieses Vorgehen erklärt sich als schlusstechnische Zurücknahmeregel des freizügigeren Umgangs mit Einer-Steinen bei der Darstellung propositionaler Aussagen. Daraus ergibt sich als Tableau des Schlusses.

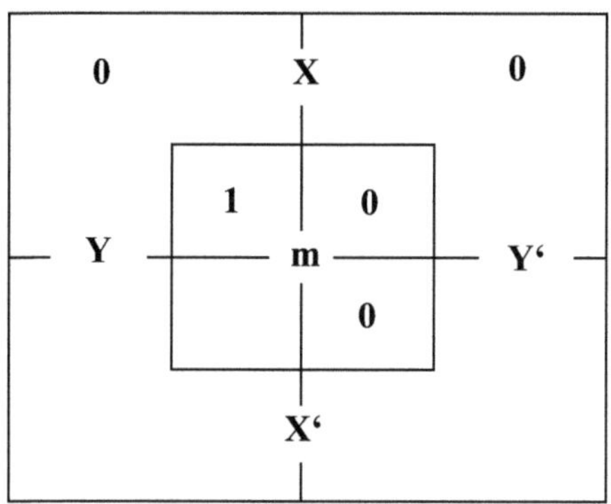

Zur Darstellung der Konklusion, die nur noch das Verhältnis zwischen zwei Klassen ausdrückt, wird das Tableau auf das erste Spielbrett übertragen. Ausschlaggebend für die graphische Reduktion sind Doppelbelegungen im Schlusstableau. In unserem Beispiel ist also nur die obere Hälfte des Spielbrettes bedeutsam. Die rechte Seite des Tableaus, in der nur Null-Steine liegen, ist ziemlich einfach zu übertragen. Weder gibt es junge, nette und nicht Trompete spielende Löwen noch gibt es junge , nicht nette und nicht Trompete spielende Löwen. Mithin gibt es auch keine jungen, nicht Trompete spielenden Löwen. In das XY‘-Feld gehört also ein Null-Stein. Bei der linken Seite ist es schwieriger. Denn hier besteht die Doppelbelegung aus Steinen verschiedener Art, nämlich einem Einer- und einem Null-Stein. In einem solchen Fall prävaliert immer der Einer-Stein, was durch inhaltliche Überlegungen auch klar wird. Wenn, wie in unserem Beispiel, einige junge, Trompete spielende Löwen nett sind, aber kein junger, Trompete spielender Löwe nicht nett ist, dann gibt es immerhin einige junge, Trompete spielende Löwen. Deshalb muss das XY-Feld mit einem Einer-Stein belegt werden.

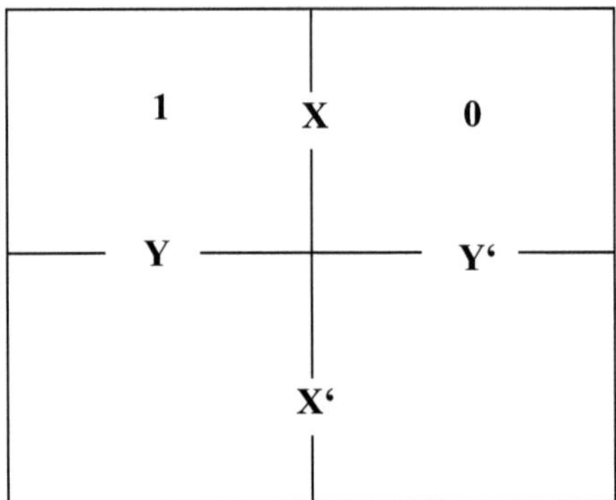

Diese Tableaustellung bezeichnet schließlich genau die gewünschte Konklusion, dass alle junge Löwen Trompete spielen.

Das Hexenverfolgungseinmaleins

Die Auseinandersetzung mit Walter Benjamins Rundfunkvortrag über Hexenverfolgung[43] wurde ausgelegt auf Jugendliche im Alter zwischen 14 und 15 Jahren. Ziel der Unterrichtseinheit war es, die Bereitschaft zu diskursiver Abwägung von Grundpositionen und die Fähigkeit zur Abschätzung ihrer Handlungsfolgen zu entwickeln. Unter der Voraussetzung, dass moralische Überzeugungen Handlungen rechtfertigen, ging es keineswegs darum, Postulate vernünftigen menschlichen Zusammenlebens aufzustellen und zu begründen, sondern vielmehr darum, das Minimum einer Kultur ethischer durch Gespräch vermittelter Selbstvergewisserung zu rekonstruieren, die sich der Anerkennung des Anderen als Person verdankt. Benjamins Vortrag vereinigt in sich verschiedene Momente, die dieser Absicht entgegenkommen. Zum einen erleichtert der zeitliche Abstand zu den Vorgängen und Praktiken der Hexenverfolgung die nötige intellektuelle Distanz, um in idealtypischer Weise magische, wissenschaftliche und religiöse Weltsicht voneinander abzugrenzen. Zum anderen schenkt Benjamins Darlegung der aus existenziellen Bedrohungsgefühlen geborenen Externalisierung des Bösen in eine magischen Schreckenswelt die Einsicht in die problematische, wenngleich erforderliche Denkfigur einer durch ethische Wahlentscheidungen konstituierten menschlichen Selbstfindung und weckt das Verständnis für die prekäre Situation ihrer praktischen Beglaubigung, die nicht nur die angenommenen Normen erinnern sondern auch deren Anwendungsbedingungen erwägen muss. Schließlich gestattet die narrative Struktur des Textes, die Benjamins Gabe widerspiegelt, noch einen Vortrag vor einem anonymen Auditorium wie einen Dialog wirken zu lassen, einen relativ einfachen Übergang von der reinen Textarbeit zu Gruppendiskussionen, so dass sich in den Gesprächsrunden die Rollen, die die Teilnehmer einnahmen, ziemlich schnell verteilten, um relevante Punkte zu beleuchten und argumentativ durchzuspielen.

[43]Dieser Vortrag wurde für den 16. Juli 1930 als Beitrag in der Sendereihe „Jugendstunde“ des Berliner Rundfunks angekündigt. Der Vortragstext ist zu finden in: W. Benjamin, Gesammelte Schriften, Bd. 7/1, hrsg. v. R. Tiedemann u. H. Schweppenhäuser, Frankfurt am Main 1989, S. 145 – 152.

Geschichtliche Hintergründe

Mit einem Aplomb leitet Benjamin die historische Erklärung des Hexenwahns ein. Die Herausbildung der neuzeitlichen Naturwissenschaft ab dem 14. Jahrhundert nämlich habe die Entstehung des abergläubischen Hexenwahns mächtig gefördert. Durch die Begegnung mit dem überlegenen Weltwissen der Araber hätten die Naturwissenschaften nach den Kreuzzügen einen großen Aufschwung in Europa genommen. Die Retrospektion aber erhellt noch nicht jene Behauptung einer Verschränkung von magischer Weltsicht und Entwicklung der neuzeitlichen Wissenschaft. Benjamin erweitert seine Beschreibungen deshalb um eine mentalitätsgeschichtliche Dimension. Danach sei ein auf Naturbeherrschung gerichteter Erkenntniswille auf ein unvorbereitetes Kollektivbewußtsein getroffen, das die Zusammenhänge und Anhängigkeiten natürlicher Vorkommnisse alleine durch verhängnishafte Entstehung der Dinge in der schicksalsvollen Ordnung des Weltlaufes sich ursächlich[44] zu erklären vermochte. Indem Untersuchungen der Natur aufgrund unzureichenden Kenntnisstandes und methodologischer Defizite als magia naturalis verstanden wurden, speiste die Entwicklung der Naturwissenschaft somit gleichzeitig den abergläubischen Schrecken vor Schwarzzauberei und Hexerei. Erst die Vermehrung des Wissens und die dem absolutistischen Herrschaftsinteressen der jeweiligen Landesfürsten entsprungene Berücksichtigung der sozialen und wirtschaftlichen Kosten der Hexenverfolgung hätten ab dem 17. Jahrhundert den Hexenwahn einschlafen lassen.

Benjamins Aufzählung der Ursachen jenes Aufbruchs der Naturwissenschaft müsste zwar dahingehend ergänzt werden, dass ein philosophisches Interesse an der Natur sich neu regte in der kritischen Auseinandersetzung mit islamischen Rezeptionen antiker aber auch altorientalischer Natur- und Welterkenntnissen, die nach der Vernichtung der vorislamischen Hochkulturen als intellektuelle Beutestücke aufgerafft wor-

[44]Vgl. zum Begriff der magischen Kausalität Ernst Cassirers Studie über „Die Begriffsform im mythischen Denken“, in: Wesen und Wirkung des Symbolbegriffs, 8. Aufl., Darmstadt 1994, S. 34ff.

den waren, tatsächlich aber recht bald im Streben einer korankonformen Neutralisierung eines enzyklopädisch gesammelten Wissens verstaubten. Bemerkenswert jedoch ist, dass solche Diskussionen, wie Benjamins milieugeschichtliche Anmerkungen deutlich machen, nur von Gelehrten, unter den Umständen des 13. Und 14. Jahrhunderts also an Theologen- oder Artistenfakultäten geführt werden konnten. Nach dem modernen Klischee indessen habe die Entwicklung der neuzeitlichen Wissenschaft spontan im Verlaufe des 15. Und 16. Jahrhunderts, in der Blütezeit der Renaissance durch bloßen Rückgriff auf antike Wissenschaftsansprüche sich vollzogen. Die Wissenschaft von der Natur stelle folglich einen radikalen Bruch mit mittelalterlichen Vorstellungen dar und habe erst nach harten Kämpfen gegen die Beschränktheit des scholastischen Weltbildes im 17. Jahrhundert ihren endgültigen Durchbruch und gleichzeitig ersten Höhepunkt gefunden. Benjamins historische Verortung des wissenschaftlichen Neuanfangs im mittelalterlichen Schulbetrieb widerspricht jenem Klischee somit zugunsten einer Wissenschaftskontinuität. Tatsächlich scheinen Forschungsergebnisse, deren Kernbestand nicht erschüttert ist, Benjamins lapidare Einlassungen zur Entstehungsgeschichte neuzeitlicher Naturwissenschaft zu bestätigen. Die Quellenlage lässt wohl deutlich erkennen, dass schon im 13. und 14. Jahrhundert naturphilosophische Disputationen insbesondere über Thesen der aristotelischen Naturlehre Fragestellungen und Hypothesen der Physik des 17. Jahrhunderts berührt und in gewissem Umfang antizipiert haben.[45] Dennoch erlaubt eine problemgeschichtliche Verklammerung ex post keinen zureichend gesicherten Rückschluss auf das wissenschaftliche Selbstverständnis der historischen Akteure, wodurch die Deutung der Quellen im Sinne einer Wissenschaftskontinuität schließlich ungedeckt bleibt.

Die Schwierigkeit bei dieser Gemengelage gegenläufiger historiographischer Motive liegt in der Bewertung der historischen Fakten als geschichtswirksame Faktoren. Interessanterweise lässt nämlich der Tatsachenbefund, dass das Aufkommen einer magischen Weltsicht und die Herausbildung neuzeitlicher Naturwissenschaft in zeitli-

[45]Pierre Duhem, Ziel und Struktur der physikalischen Theorien, Hrsg. L. Schäfer , Hamburg 1998, S. 301f.

chen Zusammenhang stehen, auch die ganz andere historische Deutung zu, dass das Aufkommen einer magische Weltsicht die Herausbildung der neuzeitlichen Naturwissenschaft gefördert habe. Einerseits können zwar die naturphilosophischen Diskussionen mittelalterlicher Theologen und Philosophen und die Hypothesen der Physiker des 17. Jahrhunderts unter problemgeschichtlichen Aspekt zusammengebracht werden. Andererseits aber vollzieht sich in der Renaissance eine epochale Umwälzung durch den paradigmatischen Wandel zu einem instrumentellen Verhältnis zur Welt insgesamt und zu einem technischen Verständnis von Wissen.[46] Dieser kulturelle Paradigmenwechsel konvergiert nicht nur mit irgendwelchen magischen Vorstellungen sondern setzt sich durch, indem nun mehr Naturvorgänge als beeinflussbar durch Eingriffe der natürlichen Magie gelten.[47] Dagegen betrachtete das mittelalterliche Verständnis Magie schlechthin als Unsinn. Zwar wusste man um die Verbreitung gängiger magischer Praktiken in bäuerlichen und städtischen Gesellschaften, doch trat die Kirche solchen Gebräuchen entgegen oder entkernte sie zu bloßer Folklore. Denn nur um den Preis der Selbstaufgabe kann das Christentum magischen Versuchungen nachgeben. So sagt den auch die maßgeblichen Lehrmeinung, magicae artes seien schlechthin keine scientia, wobei Wissenschaft im Einklang mit antiken Vorstellungen als das Vermögen, Phänomene auf erste und ewige Ursachen erklärend zurückzuführen, und als Kenntnis dieser Ursachen verstanden wird.[48] Verurteilt man so Magie als ein Trug, dann ist das Unternehmen magischer Machterweiterung durch symbolische Manipulation anonymer, doch quasi intentional wirkender Kräfte nutzlos und entlarvt sich als bloße Selbsttäuschung, die nur dazu führe das Seelenheil zu verspielen. Mit dem Zurückdrängen des kirchlichen Anspruchs, Sachwalterin der Wissenschaft und Gelehrsamkeit zu sein, erscheint seit der Renaissance im Zuge naturphilosophischer Spekulationen Magie als das Versprechen, die geheimen Kräfte der Natur zu entdecken, so dass der Kundige im Einvernehmen mit der Natur die Macht erhält, Naturphänomene zu erzeugen. Hierbei wurde zwischen der verbotenen, mit Dämonen

[46]Thomas Hobbes‘ „De corpore“ zeichnet den technischen Nutzen als Bedeutung der Wissenschaft aus.
[47]Vgl. die Darlegung der Thesen über Magie in G. Pico della Mirandolas Traktat „De hominis dignitate“.
[48]Thomas von Aquin, Summa contra gentiles III, sent. 107.

im Bunde stehenden Zauberei und der natürlichen Magie, die lehre, wie unter Anwendung der den Dingen innewohnenden natürlichen Eigenschaften und Kräften Wirkungen herzustellen seien, unterschieden. Dass die Beschäftigung mit der natürliche Magie also nicht nur erlaubt sei sondern die vornehmste Aufgabe einer scientia naturalis darstelle, ist verbreitete Meinung bis ins 17. Jahrhundert. Noch der Promotor empirischer Naturforschung Francis Bacon versucht eine Ehrenrettung der Magie, indem er sie zwar von der Physik trennt, weil die Ergebnisse der Magie zufällig und unzuverlässig seien, gleichzeitig ihr aber den Status einer praktischen metaphysischen Wissenschaft zuerkennt, die die ewigen und unveränderlichen Formbildungsgesetze der Natur entdecke und erkunde.[49]

Durch Akzentverschiebung auf den in der Renaissance stattfindenden Umsturz des Weltbildes lässt sich die gegenteilige Deutung über den Entwicklungsverlauf neuzeitlicher Naturwissenschaft herauslesen. Beide Interpretationen implizieren Unterschiede im Verständnis der historischen Bedeutung der Herausbildung neuzeitlicher Wissenschaft und ihrer soziokulturellen Rückkopplungsfähigkeit. Während unsere Deutung die Besonderheit und Einmaligkeit, damit auch die Entstehung der modernen Wissenschaft als kontingentes Faktum der Geschichte hervorhebt, verträgt sich Benjamins Betonung einer wissenschaftsgeschichtlichen Kontinuität durchaus mit einem entwicklungsphilosophischen Optimismus, der die Akkumulation wissenschaftlich gewonnener Erfahrung mit dem normativen historiographischen Begriff gesellschaftlichen Fortschrittes verknüpft. Auf diese Weise lässt sich die magische Weltsicht der Renaissance als geschichtliche Durchbruchsphase zu einem durch die Erfolge der neuen Wissenschaften geprägten und daher dem Menschen angemesseneren Welt- und Selbstverständnis periodisieren. Sicherlich wirkt Benjamin mit dieser Deutung des Hexenwahns als Krisenerscheinung in einer Phase geschichtlicher Umwälzungen einer kurzschlüssigen Vermoralisierung der Geschichte entgegen. Allerdings nimmt er gleichzeitig eine Vergeschichtlichung der Moral in Kauf, wenn er den Kampf ge-

---

[49] Francis Bacon, Novum Organon, 1. Buch, Aph. 85 und 2. Buch, Aph. 9.

gen die Hexenverfolgung als einen Befreiungskampf der Menschheit bezeichnet. Hier wird zeitliches Nacheinander zu einer Bewegung der Geschichte ernannt, die im blinden Widerstreit der heterogonen, aus jeweiligen Gegebenheiten entsprungenen Motive und Handlungsziele geschichtlicher Akteure ein Menschheitsethos verwirkliche. Kann nun die gegensätzliche Betrachtungsweise auch legitimiert werden, dass nämlich die soziokulturellen Rückkopplungen der Wissenschaft nicht zwanglos eine im Geschichtsablauf zu verankernden Fortschrittserwartung stützen, so beweist dies dennoch weder eine Schwäche noch gar die Fehlerhaftigkeit der Benjaminschen Darstellung. Dieser Gegensatz spiegelt vielmehr das Dilemma der Geschichtsschreibung. Insofern Geschichtsschreibung über die Chronistenpflicht hinaus Vergangenes erfahrbar machen will, muss sie historische Gleichzeitigkeit im Verstehen erzeugen. Daher ist jeder Schilderung der Tatsachen, wie es gewesen ist, die Wertung des Autors eingeschrieben, wie es hat sein können. Eine objektive Geschichtsschreibung bleibt jenseits des gewissenhaften Umgangs mit den Quellen bloßes Blendwerk. Denn der Geschichtsschreiber will dem Leser helfen vergangenes Geschehen zu verstehen, indem er zeigt, wie er Geschichte versteht.

Für unsere Zwecke war die Beschäftigung mit Benjamins historischen Erklärungen insoweit wichtig, als wir aus ihnen seinen Begriff von Geschichte herausarbeiten konnten, der den Horizont seiner Überlegungen umgreift und daher seine Bewertung des Verhältnisses von Wissenschaft und Magie verständlich macht. Beachten wir nun stärker den Abstand zwischen dem mittelalterlichen Begriff der scientia und dem neuzeitlichen Begriff von Wissenschaft, dann verlassen wir den Bereich sicherlich philosophisch inspirierter Geschichtsbetrachtungen und treten in die eigentliche philosophische Diskussion ein. Denn es stellt sich nunmehr die Frage nach der Weise, wie wissenschaftsbildende Wirkung durch Neuauszeichnung und Umgrenzung des Wissensbegriffs begründet und entfaltet wird. Ausschlaggebend für die Ablösung der magia naturalis durch eine sich aus der Verschmelzung mit Mathematik verstehende Wissenschaft von der Natur könnte die skeptische Beunruhigung jener instrumentellen Bewusstseinshaltung gewesen sein, die die Abhängigkeit des Wissens von dem Verfahren der Wissensgewinnung erkannt hat. Ruht somit die Gewissheit des Wissens auf der Sicherheit und Wiederholbarkeit der Methode, so verweist Wissen direkt auf seine Anwendbarkeit, was dann der Technik einen neuen Sinn vermittelt. Sie ist nun nicht mehr, was sie nach überliefertem Verständnis war, nämlich eine Nachahmung der Natur sondern ein konstruktiver Eingriff in die Natur, der Elemente isoliert und neu zusammenfügt. Dass dieses Verhältnis zwischen Wissen und Technik in der neuzeitlichen Wissenschaft nicht zufällig ist, zeigt die Theorie des Experiments, wie Galilei sie in seinen „Discorsi“ vorstellt. Die Resolutions- und Kompositionsmethode entwirft eine Theorie des mathematischen Apparates der Naturerkenntnis. Natürliche Bewegungsabläufe können damit verfahrensmäßig unter festgelegten Anfangsbedingungen und willkürlich geschaffenen Randbedingungen als Zustandsveränderung idealisierter Körper in funktionaler Abhängigkeit zur Zeit durch Gleichungen beschrieben werden. Mathematisierte Naturerklärung mutet somit eine Abstraktionsleistung zu, die alle unmittelbar erfahrbaren Beschaffenheiten und Eigenschaften der natürlichen Dinge vernachlässigt, um die funktionalen Beziehungen von Objekten darzustellen. Dass in der Natur kein Körper das Idealmaß von Kugeln, Zylinder etc. besitzt, dass in der Natur Bewegungsabläufe kaum identisch und gleichförmig sind, bleiben wiederholt vorgebrachte Einwände gegen eine Methode, die sich zu Rechtfertigung ihre empirischen Erklärungserfolge auf eine mathematische Deutung der Natur beruft.

Ein jüngerer Zeitgenosse, der Philosoph und Mathematiker René Descartes versucht mit Blick auf Galilei den metaphysischen Überbau der neuen, mathematisierbaren Wissenschaft von der Natur zu liefern. Seine Absicht einer erkenntniskritischen Neubegründung des Wissens führt zur ontologischen Unterscheidung von denkender und ausgedehnter Substanz. Dieser Dualismus erlaubt eine durchgreifende Algebraisierung des Raumes, so dass jeder Objektzustand als berechenbar im Raumsystem qualifiziert ist. Aus der kartesischen Antwort einer reflexiv gesicherten Abbildung des Wesens der Natur in mathematischen Erkenntnisweise ergibt sich zwangsläufig, dass alltägliche Erfahrung der Dinge defizient hinter der wissenschaftlichen, zur einzig wahren deklarierten Erkenntnis der Natur zurückbleibt. Die der kartesischen Philosophie innewohnende Spannung zwischen der erkenntnistheoretisch eingeforderten Methode des Zweifelns und ihrer Neutralisierung in einer vorgängigen Entsprechung von Erkenntnis und Welt könnten wir als Ausdruck einer metaphysischen Verunsicherung jenes instrumentellen Denkens verstehen. Zwar setzte sich dessen Streben nach Mathematisierbarkeit der Naturbeschreibung gegen Vorstellungen magischer Naturbeeinflussung durch, gleichwohl besteht die Gefahr, dass Wissenschaft eben wegen der metaphysischen Fragwürdigkeit ihres Naturbeherrschungsanspruchs philanthropisch aufgeputzten, tatsächlich aber beliebigen Zwecken dienstbaren Sicherungs- und Kontrollbedürfnissen erliegt. Definiert sich die Stellung des Menschen aus seinem prinzipiell unbegrenzten Herrschaftsanspruch über Natur, verändert dies ebenso das Verhältnis des Menschen zum Menschen. Die deklamierte Beherrschung der Natur durch den Menschen liefe auf nichts anderes heraus als die Herrschaft des Menschen über den Menschen mithilfe der technisch unterworfenen Natur.[50]

Den Nachgeborenen mutet Erschrecken an, dass keine drei Jahre später in derselben Stadt, deren Rundfunk die Sendung des Hexenvortrags von Benjamin ankündigte, der von seinem Massenanhang zum Retter ausgeschriene Anführer einer Partei sich im Einvernehmen mit politischen und militärischen Eliten die diktatorische Macht erschlich, um sie dazu zu nutzen, seine erklärtermaßen magische Weltdeutung auf Grundlage einer sinistren Blut- und Rassenlehre in einem hocheffizienten und durchrationalisierten, schließlich über Europa ausgedehnten Mordsystem zu verwirklichen. Der Zeitgenosse mag befremdet sein über die neuerliche Verbreitung und Anerken-

[50]Die literarischen Warnungen vor dem Verlust gelingender, menschenwürdiger Praxis begleiten die Moderne seit ihren Anfängen in Gestalt satirischer Phantasien. Zu denken ist hier an Swifts fliegende Insel Laputa, insbesonders an die Episode um die Akademie von Lagado, aber auch an die Studierzimmerszene des Faust, in der der Erzlügner Mephistopheles, um den Schüler in sein Netz zu locken, die Wahrheit chargieren muss, dass ein unendlicher Abstand zwischen unbeschränktem Erkenntnisanspruch und Beschränktheit der Erkenntnismittel besteht. Goethe überlässt es dem Zynismus des Teufels die weltklugen Handlungskonsequenzen aus dieser Diskrepanz ziehen zu lehren.

nung einer synkretistischen, aus obskuren Quellen gespeisten Esoterik. Dass solche Spuren der Magieverfallenheit unschwer sich heute finden lassen, dementiert Benjamins beruhigende Versicherung, der magischem Denken entstammende Aberglaube sei nur mehr ein gesellschaftlich randständiges Unterschichtenphänomen innerhalb moderner Gesellschaften. Ob die Wiederbelebung magischer Vorstellungen eine Sinnkrise der wissenschaftlichen Weltsicht offenbart, mag dahingestellt bleiben, nach Symptomen magischer Einsickerungen in die seriöse öffentliche Diskussion jedenfalls braucht der Beobachter nicht lange zu suchen. Etwa die Metaphernwahl eines Aufklärungspathos beanspruchenden Artikels über einen „Menschenpark" in der Wochenzeitung „Die Zeit" zelebriert eine magisch infizierte Beschwörung anonymer, gleichwohl zielführender Naturkräfte, die an die Vorstellung einer „anima mundi" der alten Zauberer erinnern.[51] Wieder rührt sich in der Öffentlichkeit die Erwartung einer Menschenzüchtung, um eben jener angeblichen, nun als „subjektlose biokulturelle Drift" titulierten Bewegung eugenisch zu willfahren. Worin aber liegt das Faszinosum solcher geheime Tendenzen und Entwicklungen der Natur beschwörenden Ausdeutung evolutionstheoretischer Hypothesen, wenn kaum bestritten werden dürfte, dass Rationalität, die in Beschwörung blinder Naturkraft umgeschlagen sich selbst in ihrer Manifestation undurchsichtig bleibt? Schon die Frage auf diese Weise zu formulieren, unterstellt freilich, es seien Motive und Bedürfnisse wirksam, die vernünftiger Überlegung entzogen werden sollten. Eher scheint das Wiederaufleben magischer Vorstellungen so noch Anzeichen und Ausdruck eines von Bedrohungsgefühlen übersteuerten Machtwillens, der in kruder Mischung von zwanghafter Erfolgsgläubigkeit und technischen Omnipotenzwünschen auf seine in die von ihm selbst entlarvte Welt hinausgesehene Furcht vor völligem Sinnverlust reagiert. Siegmund Freud verdanken wir den Hinweis, magische Rationalität sei an Lebensbewältigungstechniken gebunden, die starke Ähnlichkeiten mit neurotischen Konfliktlösungen aufwiesen.[52] Danach wäre Magieverblendetheit sozusagen der bewusstseinsmäßige Schatten, den zwar die voranschreitende Geschichte menschlicher Selbstbestimmung warf, der aber gleich-

[51]Vgl. P. Sloterdijk, Regeln für den Menschenpark, in: Die Zeit 38/1999.
[52]Vgl. „Animismus, Magie und die Allmacht der Gedanken" in S. Freuds Schrift „Totem und Tabu".

wohl einer therapeutischen Ausleuchtung zugänglich ist. Doch fraglich bleibt, ob Freuds optimistischer kulturpsychologische Analogieschluss aus der menschlichen Selbstfindungsaporie herausführt, dass wir uns nämlich aus Handlungen und Werken verstehen, die unser Selbstverstehen schon überschritten haben muss. Denn mag auch aus diagnostischem Blickwinkel die Abgründigkeit magischer Weltsicht klinisch erklärt werden, so könnte gerade der objektivierende Erkenntnisanspruch einer Wissenschaft von der menschlichen Psyche die für das Bewusstsein verantworteter Existenz nichthintergehbare Freiheit unterlaufen und damit den Selbsterkenntnisanspruch zersetzen, der menschlicher Praxis entspringt.

Wissen und Aberglaube

Nach Benjamin liegt die prominente Ursache für die Förderung des Hexenwahns, dieser historischen Manifestation des Schreckens magischer Weltenstimmung, im geringen Umfang des Wissens über die Natur. Seinen Stoßseufzer, man habe zu jenen Zeiten wenig über Natur gewusst, können wir problemlos zu der Erklärung umdeuten, dass, je weniger irgend jemand über Natur weiß, er desto eher in den Aberglauben flüchtet. Auf den ersten Blick mag diese Korrelation zwischen Unwissenheit und Aberglauben Überzeugungskraft besitzen, zumal da Benjamin sich auf die scheinbar erfahrungsmäßig gestützte Ansicht beruft, die Aberglauben und magische Vorstellungsweisen als eine schichtenspezifische Erscheinung der mit der Komplexitätsentwicklung moderner Gesellschaften nicht Schritt haltenden Bevölkerungsschichten zu entlarven sucht. Bei genauerer Betrachtung erweist sich jedoch die leichthin formulierte Wechselbeziehung zwischen dem Umfang des Wissens über Natur und der Stärke des Aberglaubens als nicht hinreichend, um eine verallgemeinerungsfähige Erkenntnis zu liefern. Denn ein Komparationsverfahren erfordert notwendigerweise die Angabe der zu messenden Einheiten.

Als Grundlage der Messung bieten sich nun Sätze an, die Beschreibungen von natürlichen Objekten enthalten. Strenger formuliert könnten wir dann ein antiproportionales Verhältnis von Wissen und Aberglauben so ausdrücken: Wenn die Anzahl der Sätze über ein natürliches Objekt, die irgend eine Person im Verhältnis zu allen Personen aussagen kann, die Sätze wenigstens von einer Anzahl n über dasselbe Objekt bilden können, höchstens n-1 beträgt und die Differenz größer als Null ist, dann sei diese Person um den Faktor n-1/n unwissender und reziprok dazu um den Faktor n/n-1 abergläubischer als jede Person aus der Vergleichsmenge. Zugleich könnte zur Unterstützung der Korrelationsvermutung Wissen von Aberglauben abgehoben werden, indem es als derjenige Grenzwert bestimmt wird, der bei stetig zunehmender Anzahl der Sätze über natürliche Objekte approximativ mit der wahren Wirklichkeit der Natur zusammenfalle. Mithin würde auch nur die Wissensanstrengung eine getreue Abbildung der Natur in wahre Erkenntnis verbürgen.

Unsere Hypothese ist nun hinreichend allgemein gehalten, so dass wir zur Erprobung ihrer Aussagekraft an beliebigen Fällen schreiten kann. Vergleichen wir deshalb zwei Zeitgenossen des 16. Jahrhunderts, dem Zeitalter der Entdecker und Seefahrer. Hier stehe ein in der Sternenkunde erfahrener Navigator, dort ein Astrologe. Es scheint klar, dass die Anzahl der Sätze gleich ist, die beide über die berechnete Stellung und Bewegung eines mit bloßem Auge sichtbaren Planeten - etwa der Venus - in Bezug auf die Erde und ihren Standort bilden können. Darüber hinaus aber vermag der Astrologe kraft des von ihm beanspruchten Sonderwissens noch Sätze über essentielle Eigenschaften des Morgensterns und deren existenzielle Auswirkungen auf Mensch und Kosmos herzustellen. Das Problem ist überdeutlich. Der Astrologe kann erheblich mehr Sätze über die Venus herstellen als unser Navigator, ohne dass eben der christlicher Seefahrer des Obskurantismus verdächtigt werden dürfte. Wie aber konnte das geschehen? Offensichtlich hat die vorgeschlagene Zählung der Sätze keine Antwort auf die magischen Arkana des Astrologen gefunden. Dadurch ist aber auch unsere Vermutung einer antiproportionalen Abhängigkeit von Wissen und Aberglauben ziemlich erschüttert, außer man ließe denn zur ihrer Stützung die paradoxe Folgerung zu, dass der Astrologen weniger wisse, als er wisse.

Obwohl unser Messverfahren kaum stichhaltig sein dürfte, ist fraglich, ob dessen Entkräftung Benjamins Ursachenerklärung für die Ausbreitung des Aberglaubens überhaupt trifft. Genau genommen nämlich haben wir nur unsere Deutung seiner Ausführungen ad absurdum geführt. Immerhin könnte es im Rahmen eines Berichtes über die geschichtlichen Entstehung des Hexenwahns Sinn ergeben, einen Zusammenhang zwischen dem fehlenden Wissen über die Natur und der Stärke des Aberglaubens zu stiften, solange die Darlegung der historischen Fakten die Entwicklung und Entfaltung der geschichtswirksamen Kräfte plausibel nacherzählt. So richtig dieser Einwand auch ist, so wenig darf er dazu missbraucht werden, um vorgängig ein Einverständnis mit der Behauptung einzuklagen, dass Unwissenheit irgendwie Aberglauben fördere oder gar erzeuge. Wir geben Benjamin zu, dass das Hochmittelalter relativ weniger über Natur wusste als die Renaissance und die frühe Neuzeit. Wir räumen weiterhin ein, dass in der ausnahmslos christlich geprägten mittelalterlichen Gesellschaft Magie und Aberglaube ein mit dem Makel bloßen Trugs behaftetes Randphänomen darstellten. Unter Voraussetzung dieser Konzessionen ist aber seine Erklärung, mangelndes Wissen über die Natur sei Ursache des Aberglaubens, ziemlich problematisch. Denn es scheint im Gegenteil eher ein Zuwachs der Naturkenntnis durch Wissensimport das pandemisches Coming-out magischer und abergläubischer Vorstellungen in der Renaissance hervorgerufen zu haben.

Benjamin bietet noch einen zweiten Erklärungsansatz an. Danach ist für die grassierende Ausbreitung des Hexenwahns auch verantwortlich, dass zwischen beschreibenden und theoretischen Wissenschaften einerseits und Technik andererseits nicht hinreichend unterschieden wurde. Diese Äußerung ist ebenso kurz wie geheimnisvoll. Gibt sie doch zu verstehen, dass sich das Bedeutungsverständnis von Wissenschaft in einem historischen Läuterungsprozess aus der unangenehmen Nähe zur magischen

Vorstellungswelt befreit habe. Sie impliziert damit, dass Wissenschaft und Magie konkurrierende Sichtweisen der Welt insgesamt seien. Außerdem impliziert sie, dass eine gültige Charakterisierung des Wissens, die es gestatte, Wissen von Aberglauben abzugrenzen, eine begriffliche Unterscheidung zwischen wissenschaftlichem Wissen und technischer Anwendung fordere. Diesen Gedanken wollen wir nun im Sinne einer methodische Forderung nach Bedeutungsklärung und Festlegung des Wortes Wissen aufgreifen. Dabei muss klar sein, dass wir mit diesem Schritt nicht nur die bisherige begrifflich ungedeckte Verwendung des Wortes Wissen hinter uns lassen sondern auch das Feld historischer Beschreibungen überschreiten, da die historiographische Einkleidung des Wortes Wissen in die Entstehungsursachen kollektiven magischen Wahns sich grundlegend von dem Versuch einer begrifflicher Normierung des Wortes Wissen unterscheidet.

Bevor wir die Legitimierung des Ausdrucks Wissen verfolgen, um die Bedeutung von Benjamins Technikargument zu verstehen, dürfte es hilfreich sein, sich kurz der historischen Tatsachen zu erinnern. Die grundlegende Kulturtechniken wie Lesen, Schreiben und Rechnen mit natürlichen Zahlen waren vor Entwicklung der neuzeitlichen Wissenschaften in Europa bekannt. Außerdem hatte sich ein Schatz an Erfahrungswissen über Natur in Handwerken, in Ackerbau und Viehzucht angehäuft, der es den Menschen nicht nur gestattete, sich in ihrer natürlichen Umwelt zurechtzufinden sondern auch arbeitsteilige Gesellschaften zu bilden. So bezeugt etwa der Bau romanischer Dome oder gotische Kathedralen eine hochkomplexe Arbeitsorganisation aber ebenso die Leistungskraft einer in generationenlanger Erfahrung erworbenen Baukunst. Eine solche genaue Kenntnis der Statik, der Hebelgesetze, eine solch reife Materialkunde erworben und gestützt durch alltägliche Erfahrung, gebunden an die umsichtige Erledigung von Handlungen und gerichtet auf die Verwirklichung von Zwecken erfordern eine nicht geringe Kenntnis der Natur. Zudem wird wohl auch niemand bestreiten, dass solche Erfahrungen Wissen genannt werden dürfen. Zugegebenermaßen besteht dieses in alltägliche Erfahrung eingebettete Wissen darin, dass man sich im Umgang mit natürlichen Vorgängen oder Zuständen auskennt und sich darauf versteht, sie als Mittel einzusetzen. Doch macht die Handlungsbezogenheit solchen Nutzungswissens auch seine lebensweltliche Robustheit einsichtig, die es erlaubte, Erfahrungstechniken ohne Rücksicht auf ihren sozialen Entstehungshintergrund und oftmals mythischen Erklärungsüberbau zwischen verschiedenen Kulturkreisen auszutauschen.

Die ziemlich problemlose Aneignung wie auch der Austausch dieses Nutzungswissens dürfte letztlich damit zusammenhängen, dass schon dessen Vermittlung, sei es durch Beschreibung der Verrichtungen oder durch Vormachen, zielorientiert und handlungsbezogen ist. Wir könnten sagen, dass dieses lebensweltliche Nutzungswissen als gesättigt bezüglich des in ihm vorherrschenden Zweck-Mittel-Verhältnisses betrachtet werden darf. Was wir damit meinen, soll ein Gedankenexperiment verständlich machen. Stellen wir uns vor, wir hätten die Möglichkeit verschiedene mittelalterliche Baumeister zu befragen, wie etwa ein Haus errichtet wird. Einer von ihnen könnte geantwortet haben, um ein Haus zu errichten, müsse ein Fundament gelegt werden, Mauern hochgezogen werden usw.. Er beschriebe also nur die üblichen handwerklichen Tätigkeiten, die zum Zwecke des Hausbaus nach damaliger Erfahrung beachtet werden mussten. Ein anderer – abergläubischer – Baumeister könnte dagegen einwerfen um ein Haus zu errichten, müssten die und die Handlungen vollzogen werden, wobei er irgendwelche magische Rituale aufzählt. Auf unserer Gegenfrage, ob man in diesem Fall nicht auf die vorher beschriebene herkömmliche Weise vorgehe, um ein Haus zu bauen, lassen wir zur Erläuterung die Verbesserung zu, dass man, um ein Haus zu errichten, die und die Rituale beim Hausbau vollziehen müsse. Zur Auslegung unseres Experimentes sollten wir nun erkennen, dass das Nomen Hausbau, das in der korrigierten Antwort des abergläubischen Baumeisters auftaucht, ohne große Verständnisschwierigkeiten in eine Satzphrase übertragen werden kann, die das bei der Tätigkeit des Hausbaus obwaltende Zweck-Mittel-Verhältnis beschreibt. Somit muss zur Umschreibung der Gesamtantwort durch ein längeres hypotaktisches Satzgefüge nur noch der Sinn der adverbialen Bestimmung berücksichtigt werden. Dazu orientieren wir uns an Sätzen wie „Beim Essen las er weiter." oder „Beim Gehen lachte sie." In Sätzen dieser Art drückt die Adverbialphrase das temporale Verhältnis der Gleichzeitigkeit zwischen zwei beschriebenen Vorgängen aus. Dann könnten wir also die verbesserte Antwort des abergläubischen Baumeisters folgendermaßen wiedergeben: „Während man auf die herkömmliche Weise vorgehen muss, um ein Haus zu bauen, muss man die und die Rituale vollziehen, um ein Haus zu bauen."

Obwohl der doppelte Gebrauch der erweiterten Infinitivkonstruktion schwerfällig und überflüssig erscheint, sollte auf deren Wiederholung aus zwei Gründen nicht verzichtet werden. Denn zum einen rechtfertigen die Infinitive den Gebrauch des Hilfsverbs „müssen", das ausdrückt, dass hier niemand eine Beschreibung tatsächlicher Vorgänge liefert, sondern dass jemand die ihm erforderlich und angemessen erscheinenden Mittel zur Erreichung eines vorgegebenen Zwecks angibt. Zum anderen verbärge die stilistische Verschlankung des Satzes etwa durch Weglassen der letzten Infinitivkonstruktion den stillschweigenden Schluss, dass der Gebrauch der gleichen Worte denselben finalen Sachverhalt bezeichne. Wir versuchen aber gerade durch Umschreibungen des beschriebenen Zwecksachverhaltes herauszufinden, ob hier eine Identität der Zwecke vorliegt, so dass die handwerkstechnischen Mittel infolgedessen um magische Rituale erweitert werden könnten oder sogar müssten. Die Vereinfachung des Satzes könnte mithin zum dem unnötigen Zugeständnis führen, dass handwerkliche Handlungen und magische Handlungen erforderliche Mittel zum Hausbau seien.

Um die Untersuchung fortzusetzen, machen wir uns den Umstand zunutze, dass der Gebrauch der Konjunktion „während" im Deutschen einen Austausch der Teilsätze erlaubt, ohne den Sinn des hypotaktisch gegliederten Gesamtsachverhalt zu verändern. Derselbe Sachverhalt wie oben wird also auch durch den Satz „Während man die und die Rituale vollziehen muss, um ein Haus zu bauen, muss man auf die herkömmliche Weise vorgehen, um ein Haus zu bauen.“ dargestell. Jetzt brauchen wir nur noch den Nebensatz wieder in eine Adverbialphrase zurück zu übersetzen und den so erzeugten Satz unserem abergläubischen Baumeister mit der Frage vorzulegen, ob er seiner Erläuterung entspreche. Verneint er, dass der Satz „Um ein Haus zu errichten, muss beim Vollzug der Rituale, die zum Hausbau dienen, die üblichen und herkömmlichen handwerklichen Techniken anwenden.“ den Sinn seiner Aussage treffe, weil er ja gemeint habe, dass magische Rituale, wenn auch keine handwerklichen Techniken, so doch zu Errichtung eines Hauses nötig seien, so weisen wir auf die Entstehung seiner Aussage hin. Auf Nachfrage hatte er uns nämlich zugegeben, dass die üblichen handwerklichen Techniken zum Hausbau erforderlich seien. Wenn er nun behauptet, überdies seien noch magische Rituale zum Hausbau erforderlich, dann gebraucht er den Ausdruck Mittel hier nicht in dem gleichen Sinne wie im Falle der Handwerkstechniken, deren Status als Mittel er ja durch die Erfordernisse des Hausbaus ausdrücklich zugegeben hatte. Bejaht er dagegen, dass unsere Übersetzung und seine Aussage den gleichen Sachverhalt darstellen, so berufen wir uns auf den dargelegten Prozess der Umschreibungen seiner Aussage. Denn in ihm wurde keine Erweiterung der Mittel-Zweck-Relation erläutert sondern nur die gleichzeitige Verrichtung verschiedener Handlungen – verschieden hinsichtlich ihres Erklärungsrahmens – beschrieben. So bot das erfahrungsgestützte Verhältnis zwischen handwerklichen Mitteln und ihrem Zweck, nämlich die Errichtung eines Hauses, der Beschreibung keinen Spielraum, um zusätzliche magische Erklärung der technischen Vorgänge des Hausbaus einzufügen; vielmehr stimmt es mit unserem Umgang mit alltäglichen Erfahrungstechniken überein, dass wir sie für vollständig erklärt ansehen, sobald die Verrichtungen und Handlungen, die zu dem lebensweltlich gegebenen Anwendungsziel der betreffenden Technik führen, beschrieben worden sind.

Worin aber liegt es nun, dass sich die Entwicklung der Wissenschaft mit einer magischen Weltsicht unter technischen Anwendungsgesichtspunkten berührte? Anhand der Beschreibung einer Erfahrungstechnik konnten wir beobachten, wie am Beispiel des abergläubischen Baumeisters sich die Aufzählung irgendwelcher magischer Rituale beim Hausbau als eine überschießende Beschreibung dem ursprünglichen Zweck-Mittel-Verhältnis derartig anschmiegte, dass erst unter den Nötigungen einer magischen Sichtweise der Schein erweckt wurde, deren Mittelfundus wäre erweitert worden. Wir dürfen also davon ausgehen, dass noch der abergläubischste mittelalterliche Hintersasse auf alltäglichem Nutzungswissen basierende, zweckgerichtete Wirkhandlungen hätte beschreiben können, ohne den Irrweg über magische Kräfte einschlagen zu müssen. Dahingegen scheint die Bedeutungssteigerung irgendwelcher Handlungen zu magischen Akten der Erklärung durch eine symbolisch überhöhenden Ausdeutung der erfahrenen Alltagswelt zu bedürfen. Der symbolischen Übersteigerung, die dem magischen Denken innewohnt, entspricht eine Klaustrophobie erzeugende Weltsicht, einer Auslegung der Welt, die, wie Benjamin eindrücklich darstellt, von einem Gefühl der Bedrohung durch anonyme Kräfte geprägt ist. Sie beherrschen die Natur und Menschenwelt und verlangen gleichzeitige doch wieder Verehrung in Gestalt zweckhaft agierender und zielgerichteter, dämonischer Wirkursachen.

Der rituellen Bannung vermittels Zauberei liegt ein mythisches Verständnis von Kausalverhältnissen zugrunde. Wie der Magier Kraft seines Sonderwissens mit seinen Zauberhandlungen das magischen Ursache-Wirkungsverhältnisses vollzieht, um einen Erfolg zu erzielen, so liegt der Kern magischer Rationalität in der wechselseitigen Vertretbarkeit von Zeichen und Bedeutung. Sofern nur zwei Sachverhalte irgendeine Ähnlichkeit aufweisen oder auf sonstige Weise zugeordnet werden können, tritt die magische Kausalität in Kraft. Ein Beispiel mag dies verdeutlichen. An alten Häusern in Norddeutschland findet sich manchmal die Abbildung von Windmühlen. Windmühlen mahlen Korn, dass Menschen zum Essen brauchen. Im magischen Bewusstsein bewirkt die Abbildung der Mühle, dass sie Bewohner des Hauses von Hunger verschont bleiben. Aberglaube entgrenzt sich daher zur Technik durch die Absicht einer manipulativen Beeinflussung der Umwelt. Gleichzeitig übersteigt Magie die Alltagserfahrungen und Techniken durch die Annahme eines gesetzesartigen Grundes ihrer Wirksamkeit, nämlich das magische, durch symbolhafte Vertretbarkeit stabilisierte Kausalverhältnisses. Daraus besteht dann auch ihr Versprechen einer universell einsetzbaren und handhabbaren Lebenstechnik aufgrund eines Wissens um die geheimen Wirkgesetze der Welt im Ganzen.

Die Funktionalisierung eines Wissens um die angeblichen Geheimkräfte des Kosmos in einer die Alltagserfahrung des Machens übersteigenden magischen Technik scheint Benjamins Forderung einer Unterscheidung von Technik und wirkliches Wissen liefernder Erkenntnis zu bestätigen. Offensichtlich werden hier doch aufgeraffte Wahrnehmungen unter eine unveränderbare und anscheinend die kosmische Ordnung abbildende magische Stellvertretung gezwungen, um ohne kritische Untersuchung der Umstände einem Verfahren der Lebensbewältigung einverleibt zu werden. Erinnern wir uns aber, dass uns schon einmal bei unseren mittelalterlichen Baumeistern ein ähnlicher Fall begründungslosen Rückzuges auf faktische Kenntnis und Erfahrung begegnet ist. Unsere Baumeister besaßen zwar das erfahrungsmäßige Anwendungswissen, um einen Hausbau handwerklich einwandfrei auszuführen, hätten aber ihr Wissen etwa aus statischen Berechnungen nicht rechtfertigen können, da sie nicht über die Sachgründe ihres Erfahrungswissens verfügten. Während die Kenntnisse des in praxi Erfahrenen darauf beschränkt bleiben, das Wie der Herstellung zu beherrschen, verschmilzt in dem durch methodische Erkenntnis gewonnenen Wissen Erklärungsintention und Wahrheitsanspruch. In emphatischem Sinne weiß der Erkennende, was der Fall ist, weil er erkannt hat, warum es ist.

Um das Verhältnis zwischen Erfahrung und methodisch gewonnenem, also gerechtfertigtem Wissen zu klären, nehmen wir ein alltägliches Beispiel. Nach einer Nacht strengen Frostes finden wir eine mit Wasser gefüllte Glasflasche, die wir Tags zuvor draußen vergessen hatten, zerborsten. Hätten wir solche Vorfälle des öfteren beobachtet, könnten wir sagen, wir hätten die Erfahrung gemacht, dass wassergefüllte Glasflaschen bei Frost bersten. Dieser Erfahrungssatz liefert jedoch keine Erklärung des

Vorgangs. Dazu müssten wir auf den Erklärungsgrund greifen wir die bewährte Vermutung auf, dass Wasser sich ausdehnt, wenn es gefriert. Mithilfe der gesetzesartigen Verknüpfung zweier Zustände des Wassers in dem Konditionalsatz und unter Beachtung der faktischen Randbedingungen, dass unsere Glasflaschen ein starrer Körper war und dass es Nachts Frost gab, können wir den Vorgang hinsichtlich der Quotienten von Zustand des Wassers und Zeit erklären. Mit dieser Kausalverknüpfung haben wir erst im eigentlichen Sinne die wahrgenommene Veränderung, die zwischen zwei Zeitpunkten stattfand, erklärt und somit erkannt.

Die Bewahrheitung unseres Wissens, dass die Flasche geborsten ist, weil es nachts fror, geschieht also durch die Erklärung des Vorgangs. Die Erklärung aber bestand darin unsere Beobachtungen auf den vorausgesetzten Erklärungsgrund zurückzuführen. Dies wiederum bedeutet, dass unser Wissen, dass die Flasche geborsten ist, weil es nachts fror, von unserer Voraussetzung abhängt, dass Wasser sich ausdehnt, wenn es gefriert. Sofern Theorien gesetzesartige Voraussetzungen systematisch zusammenfassen, können wir verallgemeinernd sagen, dass Wissen und Erkennen letztlich von Theorien abhängig ist. Sind aber Erkennen und Wissen derartig theoriebehaftet, drängt sich unabweisbar die Frage auf, wie Theorien begründet werden können, um den Begriff des Wissens philosophisch zu rechtfertigen. Gerade durch diese Frage aber zerfällt die instabile Verbindung zwischen Erklärungsabsicht und Wahrheitsanspruch wieder und führt alle Begründungsversuche in ein Trilemma, das schon der Antike bekannt war. Entweder dekretierte man, dass Erkenntnis die letzen Prinzipien des Seins abbilde, oder man überließe die Theorieauswahl der diskretionären Gewalt einer Mehrheit, die Entscheidungen darüber fällt, was wirklich oder wahr sei. Schließlich könnte man in einer letzten Anstrengung noch Zuflucht bei einer Theorie über Theorien suchen. Implizieren solche Metatheorien Voraussagen über Theorieveränderungen, d. i. über die Approximation der Erkenntnis an die Wirklichkeit, so fordern sie selbstwidersprüchlich ein absolutes, von Theorien unabhängiges Wissen. Bescheiden sie sich dagegen, so stellen sie nur den unendlichen Progress möglicher

Theoriebildungen dar.

Auffällig ist, welch geringen Widerstand unsere Überlegungen einer instrumentalisierenden Umdeutung des Wissens bieten. Schon Platon, wenn man so will der Übervater abendländischen Philosophierens, bringt Wissen und Technik in einen engen Zusammenhang, um seinen Bildungsanspruch gegen die Sophisten zu verteidigen. Wer jedoch daraus folgern wollte, Wissen rechtfertige sich alleine aus dem Erfolg, und sich daher mit dem Machbaren zufrieden gäbe, übersähe die Doppelbödigkeit philosophischer Argumentationen. Platon lässt einen Techniker, Sokrates, der von sich behauptet, er wisse nur, dass er nichts wisse, mit großer dialektischer Kunstfertigkeit die Wissensprätentionen seiner Gesprächspartner aufdecken. Sicherlich ist das Verfahren der sokratischen Prüfung von den Dialogsituationen ablösbar und kann als Disputationstechnik dargestellt und gelehrt werden. Wären Platons Dialoge aber nur beispielhafte Darstellungen einer erfolgreichen Gesprächsführung, verlöre sich der Sinn, der sich in der Wahl dieser Gestaltungsform philosophischen Denkens offenbart. Sokrates überführt seine Gesprächsgegner des Nichtwissens – pointierter gesagt – des Nichtwissens ihres aufgesammelten Wissens, indem er die Rückbeugung des Wissensanspruchs auf die Sorge des Menschen um sein Mensch-sein verlangt. Der einer dialogischen Gesprächsform eignende Appell an die Zustimmungsbereitschaft aus Einsicht erhebt daher die kritische Vergewisserung des Wissens zur Praxis menschlicher Selbstfindung. Wenn die sokratische Suche nach Lebensweisheit das banausische Vergnügen an Fungibilität als Degradation des Menschen verurteilt, äußert sich darin die Überzeugung, dass nur derjenige die Welt richtig erkenne, der den Sinn seines Daseins verstehe. Es scheint somit mehr zwischen dem Ausdruck eines philosophischen Gedankens und der sich darin zeigenden Haltung zu liegen, nämlich die Verteidigung menschlicher Freiheit gegen Schicksalsgläubigkeit oder die Anmutung blinder Notwendigkeit.

Logik und Aberglauben

Um die intellektuelle Dürftigkeit der Hexenverfolger zu entlarven, zitiert Benjamin folgendes Argument: „Wer das Dasein von Hexen leugnet, der leugnet auch das Dasein von Geistern. Wer aber das Dasein von Geistern leugnet, der leugnet auch das Dasein von Gott, denn Gott ist ein Geist. Also leugnet, wer Hexen leugnet, auch Gott." Dieser Beweis für die Existenz von Hexen sei – so führt Benjamin weiter aus – so unlogisch, dass er heute keinem Mittelstufenschüler mehr nachgesehen werde. Denn es scheint ja offensichtlich, dass derjenige, der das Dasein von Hexen verneint, gar nicht notwendigerweise das Dasein von Geistern abstreiten und mithin auch nicht Gott leugnen zu müssen scheint. Der Opponent behauptet ja nur, dass die Eigenschaft, Hexe zu sein, keiner Person rechtmäßig zugeordnet werden könne, ohne irgend eine weitere Behauptung über die Zuordnungsfähigkeit der Eigenschaft Geist aufzustellen. Augenfällig können wir uns die Sachlage anhand einer extensionalen Veranschaulichung von Klassenverhältnissen machen. Involviert die Klasse Geister die Teilklassen Hexen und Gott und behauptet jemand durch die Aussage, es gibt keine Hexen, dass die Teilklasse Hexen leer, also keine Individuen enthält, so behauptet er weder, dass die Klasse Geister insgesamt leer ist, noch, dass die Klasse Gott ein Individuum enthält. Im Gegensatz zur Argumentation des Hexenverfolgers scheinen also Behauptungen über das Enthaltensein bzw. Nichtenthaltensein von Individuen in den einschlägigen Teilklassen logisch von einander unabhängig zu bestehen.

Richtigerweise bemerkt Benjamin in seinem Vortrag, dass der Glaube der Christen an den dreifaltigen Gott keinesfalls den Glauben daran nach sich ziehe, dass irgendwelche Menschen magische Kräfte oder Zaubermacht hätten. Unter dieser Maßgabe ist also kein Glaubender unbesehen und ungeprüft verpflichtet, der Realexistenz solcher mit besonderen, übernatürlichen Kräften ausgestatteten Hexenwesen zuzustimmen - gerade also nicht demjenigen, was der Hexenverfolger mithilfe seines Hexenverfolgungsargumentes erzwingen will. Da Benjamin allerdings durch die Darstellungsweise des Hexenverfolgungsargumentes sich über dessen Status und innere Folgerichtigkeit täuschen lässt, übersieht sein leichthin geäußertes Urteil über die logische Widersinnigkeit jenes Argumentes ironischerweise gerade dessen gefährliche Logik. Ein Indiz, das für unsere Sichtweise spricht, ergibt sich aus dem Kontext seiner Darlegungen selbst. Benjamin erklärt nämlich, dass die Begründungen für die Hexenverfolgungen von Gelehrten, hier im speziellen Fall von Philosophen geliefert wurden. Nun ist es eine Tatsache, dass der Erwerb begriffslogischer Kenntnisse gemäß dem herrschenden Bildungskanon bis in die Neuzeit zur universitären Elementarausbildung diskursiver Fertigkeiten zählte. Gehen wir von der vorsichtigen Annahme aus, nicht alle universitär Ausgebildeten seien schlechterdings dumm, dann belegt aber die Wahl dieses Argumentes nicht seine Beispielhaftigkeit, oder Benjamins Widerlegung des Argumentes ist nicht ausreichend. Hätte Benjamin nämlich ein von den damaligen Gelehrten seinerzeit als schwach eingeschätztes Argument ausgewählt, dann taugte es nicht zum Exempel, um die intellektuelle Dürftigkeit und Unsinnigkeit der Hexenverfolgerideologie aufzuweisen. Hätte er dagegen ein gängiges und verbreitetes Argument genommen, dann dürfte der Beweis seiner logischen Widersinnigkeit kaum durch eine nebenbei geäußertes Werturteil über die argumentationstechnischen Fertigkeiten seines Urhebers zu liefern sein.

Die Untersuchung dieses Arguments bietet infolgedessen die beste Gelegenheit zu demonstrieren, wie aus abwegigen und irrtümlichen Voraussetzungen methodisch und folgerichtig ein menschenverschlingendes Terrorsystem begründet und entwickelt werden kann. Trotz seinem Pathos, das den Kampf gegen die Hexenverfolgung einen der größten Befreiungskämpfe der Menschheit nennt, bleibt deshalb Benjamins Erklärung der Verstrickung der Gelehrten aller Fakultäten und ihres intellektueller Aufwand, den sie zur Hexenverfolgung beisteuerten, merkwürdig farblos. Dagegen legt doch seine detailreiche Beschreibung der Rolle der Gelehrten bei der Hexenverfolgung geradezu die Einsicht nahe, dass das Festhalten an abwegigen Voraussetzungen, die Trägheit in der Erkenntnis von Missgriffen, das Verharren in liebgewordenen Gewohnheiten, kurz all das, was wir als Dummheit bezeichnen, nicht ausschließlich auf intellektuellem Unvermögen beruht. Denn an der logischen und methodischen Entfaltung des Hexenverfolgungseinmaleins aus Irrtümern und Unmenschlichkeit erweist sich ja die Stärke und Größe der dazu benötigten Intelligenz.

Schon eine erste, genauere Betrachtung des Argumentes lässt es zweifelhaft erscheinen, ob es, wie behauptet, einen Existenzbeweis für Hexen vorlegt. Zunächst einmal ist nämlich erst zu fragen, in welchem Sinne hier überhaupt von Existenzbeweis gesprochen werden darf. Nehmen wir einmal an, einer unserer Freunde bestreite unsere Behauptung, dass es einen Fritz Müller wohnhaft in Bedorf, Deweg 12 gebe, der glaube ein Außerirdischer zu sein. Wir könnten ihn nun von Herrn Müllers Existenz zu überzeugen versuchen, indem wir ihm unser Adressbuch in die Hand drücken, die Adresse der betreffenden Person heraussuchen lassen und mit ihm zusammen den besagten Ort besuchen. Sobald wir dort eine Person fänden, die seine Frage, ob sie Fritz Müller genannt werde und Außerirdischer sei, bejahen würde, wäre unser Freund – unter normalen Umständen – sicherlich von Herrn Müllers Existenz überzeugt. Erinnerte sich unser Freund aber gerade noch rechtzeitig, dass etwa der 1. April ist, wäre unsere Vorgehensweise wertlos. Denn er könnte unsere Existenzbehauptung immer noch zu recht bestreiten, da es sich möglicherweise um einen von uns geplanten Ulk handelt. Unser Existenzbeweis ist keineswegs zwingend, so dass ihm unbedingt zugestimmt werden müsste. Er besteht ja einfach im Überprüfen der Tatsächlichkeit, weshalb auch unser Beweisverfahren wenig mit Logik aber um so mehr mit Plausibilitätserfahrungen umsichtigen Handelns zu tun hat.

Welche Erkenntnis über die Reaktionsweise eines Hexerverfolgers auf den Einwand, dass es keine Hexen gibt, lässt sich nun aus dieser Beobachtung ziehen? Selbstverständlich würde er den Einwand, dass es keine Hexen gibt, abschmettern, indem er uns Akten und Schriftsätze gezeigt hätte, worin Geständnisse von Beschuldigten vorliegen. Damit sei, so könnte er sagen, die Existenz von Hexen durch gerichtsverwertbare Tatsachen bewiesen. Zwar mögen wir noch im Zweifel über die Arbeitsweise eines Philosophengehirns sind, über die Arbeitsweise eines Juristengehirns aber besteht Klarheit. Unser Protest, dass solche Geständnisse unter Folterungen erpresst worden sind, hätten die seinerzeitigen Juristen nämlich kaltlächelnd ignoriert. Um diese Unempfindlichkeit zu verstehen, müssen wir kurz in die Rechtsgeschichte schauen. Etwa seit dem 13. Jahrhundert bis ins 18. Jahrhundert galt das Geständnis eines Delinquenten als Grundlage prozessualer Urteilsfindung. Die Folter war somit eine rechtmäßige angewendete Verfahrensweise zur Erzwingung von Aussagen. Wären wir also bei der Bekämpfung des Hexenverfolgungsargumentes nur auf erfahrungsgestützte Existenzbeweise angewiesen, wären wir schon jetzt gescheitert. Die Behauptung, es gibt Hexen, und der Einspruch, es gibt keine Hexen, stehen sich wie in einem Patt gegenüber. Natürlich sind wir aufgrund unserer Überzeugungen der Meinung, dass ein Beweisverfahren, das auf durch Folter erzwungenen Selbstbezichtigungen und Selbstauskünften basiert, absolut verwerflich ist. Doch solange wir weder Macht haben, unsere Meinung durchzusetzen, noch einen wirksamen Appell finden, unserer Meinung Anerkennung zu verschaffen, hätten wir in der damaligen Lage mit einseitiger Übernahme aller Risiken unter der Fahne einer Minderheitenmeinung gegen die faktische Gewalt einer allgemein geübten und anerkannten gesellschaftlichen Praxis gekämpft. Benjamin erwähnt denn auch rühmend einen tapferen Versuch aus der ersten Hälfte des 17. Jahrhunderts, durch Ermahnungen und moralischen Appell die Abschaffung der Hexenverfolgung zu bewirken. Der neben Opitz wohl bedeutendste deutsche Dichter des Barock, der Jesuitenpater Friedrich von Spee, dessen eigenes Leben seiner Ablehnung der Hexenverfolgung wegen bedroht war, erinnerte in seiner „Warnungsschrift über die Hexenprozesse“ an das grundlegende christliche Gebot der Gottes- und Nächstenliebe. Indem Spee durch Schilderungen des Leids und Elends aus seiner Erfahrung als Beichtvater der Verfolgten zum Mitgefühl aufrief, forderte er von seinen Zeitgenossen reuige Umkehr.

Auch die oberflächliche Lektüre des Hexenverfolgungsargumentes erkennt, wie sich die Argumentationsabsicht zu dem Kernsatz verdichtet, dass jemand bestreitet, dass es Gott gibt, wenn er behauptet, dass es Hexen nicht gibt. Auffällig ist zunächst einmal das in diesem Zusammenhang von den aussagetechnischen Anzeigeoperationen des Behauptens und Bestreitens gesprochen wird, die durch die konditionale Verbindung in Abhängigkeit voneinander gebracht werden. Ein solches konditionales Bedingungsgefüge erlaubt aber keinen Rückschluss auf die Existenz von Hexen oder von Gott. Wir wollen das an einem unverfänglicherem Beispielsatz erläutern. Der Satz „Wenn irgend jemand behauptet, es regnet, dann behauptet er, dass die Erde nass wird." sagt nichts darüber aus, ob jemand jetzt die Behauptung ausspricht, es regnet noch, ob es jetzt tatsächlich regnet. Dieser Satz drückt vielmehr das Bedingungsverhältnis zwischen zwei Behauptungen aus, so dass uns klar wird, dass die zweite Behauptung die erste impliziert, unter welchen Umständen beide auch immer geäußert werden. Nun könnte man meinen, nur der doch recht eigentlich überflüssige Gebrauch der Anzeigeoperation verhindere den Existenzschluss. Doch auch die Variante „Wenn es regnet, wird die Erde nass." erlaubt keine Existenzaussage bezüglich eines Zustandes unserer Umwelt. Denn demjenigen, der auch immer diesen Satz äußern mag, werden wir kaum unterstellen dürfen, er habe damit auch gesagt, dass es jetzt regnet. Allerdings können wir doch besagten Satz so umformen, dass wir sagen „Es gibt keinen Regen, der die Erde nicht nässt." oder kürzer „Es gibt nur nassen Regen.". In dieser Redeweise scheinen nun aber Existenzbehauptungen ausgesprochen worden zu sein. Haben wir also etwas übersehen? Untersuchen wir einmal genauer den Sinn dieser beiden Sätze, in denen die verdächtige Phrase „Es gibt ..." auftaucht. Äußern wir etwa den Satz „Es gibt nur nassen Regen.", so wollen wir sicherlich nicht behaupten, dass es tatsächlich regnet, und, dass die Erde jetzt nass wird. Was wir aber mit diesem Satz meinen, wird erst deutlicher, wenn wir den Satz „Es gibt keinen Regen, der die Erde nicht nässt." betrachten. Er drückt nämlich aus, dass zwei Beschreibungen von Weltzustände intensional unverträglich sind. Beide Sätze zeigen also eine begriffliche Verträglichkeit bzw. Unverträglichkeit an ebenso wie die Konditionalsätze, aus denen sie durch Umformulierung entstanden sind.

Um auf das Hexenverfolgungsargument zurückzukommen, so dürften dessen scheinbaren Existenzbehauptungen diesem dargelegten Muster stark ähneln. Wir müssten dann aber zugeben, dass diese Argument eine begriffliche geordnete Bewertung von Sachverhalten vornimmt, indem sie bedingungsmäßig verkoppelt werden. Natürlich liegen jeder Argumentation eine mit anderen geteilte und sprachlich ausdrückbare Weltsicht und Wertüberzeugungen zugrunde. Jedoch insinuiert das Hexenverfolgungsargument mit dem stillschweigenden kommunikativen Einverständnis, dass selbstverständliche Übereinstimmungen gesprächsweise nicht ausdrücklich erwähnt zu werden brauchen, in recht aufdringlicher Weise das logisches Einverständnis mit der angebotenen Schlussfolgerung. Das als selbstverständlichen angesehene Verschweigen der Bewertungsgrundlage und der Verzicht auf deduktive Darlegung lassen gerade vermuten, dieses Argument sei in rhetorische Gestalt gekleidet, so dass dessen Darstellung sich nach der persuasiven Wirkung und nicht nach seiner logischen Tiefenstruktur richtet.

Zur Entschlüsselung der logischen Tiefenstruktur sehen wir zunächst die Durchsetzung des Argumentionszwecks an als eine Abfolge von Zügen in einem strategischen Spiel. Jeder Argumentationsschritt erhält dann seine Bedeutung als ein nachvollziehbarer Übergang von Satz zu Satz durch seine regelgerechte Erzeugung und Stellung hinsichtlich des zu erreichenden Beweisziels. Die Abhängigkeit von logischen Beweismitteln und Beweisziel durchschauen wir am besten, indem wir uns in eine Diskussion hineinversetzten, in der dieses Argument gefallen sein könnte. Um unser Ansinnen einer Widerlegung in dieser Situation mit einiger Aussicht auf Erfolg anzugehen, müssten wir die Gedankenwelt unseres Gegners soweit erkunden, dass wir seine Spielregeln und die Grundannahmen, die seine Folgerungen stützen, herausfiltern können. Beim Durchspielen verschiedener Diskussionsverläufe erkennen wir, dass folgende drei Axiome das Hexenverfolgungsargument beherrschen:

(1) Es gibt Gott.

(2) Wenn es Gott gibt, gib es Geister.

(3) Alle Hexen sind Geister.

Wir simulieren nun weiter einen Disput, in dem wir im Zuge unserer Gegenargumentation den im dritten Axiom ausgesagten Satz durch Verneinung widerlegen wollen. Der Allsatz ist deshalb besonders interessant, weil er bisher in der Untersuchung des Argumentes noch gar nicht aufgetreten ist. Für seine Verneinung gibt es zwei Möglichkeiten; entweder können wir sagen „Nicht alle Hexen sind Geister.“, was nichts anderes heißt als „Einige Hexen sind Geister und einige andere nicht.“, oder „Alle Hexen sind keine Geister.“. Der unserem Widerlegungszweck angemessene Gebrauch der Verneinung dürfte im dritten Satz zu finden sein. Denn andernfalls würden wir dem Gegner zugeben, dass es immerhin Hexen gibt, auch wenn sie nicht immer Geister sind. Diese ungewöhnliche, nur durch unseren Widerlegungsabsicht erforderliche Verneinung eines Allsatzes bestätigt, dass das Hexenverfolgungsargument jede Existenzaussage über Hexen als eine Folge einer Normierung der Verträglichkeit bzw. Unverträglichkeit des Redegebrauchs über Hexen entwickelt. Es geht also, wie unsere Untersuchung des dritten Axioms zeigt, in dem Argument darum, den Sinn von Aussagen über Hexen rekursiv festzulegen und zwar durch Bestimmungen über die Anwendung des Begriffs Hexe. Damit definiert es die Möglichkeiten und Bedingungen des Behauptens und Leugnens von Aussagen über Hexen durch eine intensionale Ordnung von Begriffen.

Als letzten Schritt unserer Vorarbeit brauchen wir nur noch das dritte Axiom umzuformen, so dass unser Apparat vereinheitlicht und damit leichter handhabbar ist. Der Satz „Alle Hexen sind Geister.“ drückt nichts anderes aus als, dass für alle Personen gilt, wenn sie Hexen sind, sind sie Geister. Wir benutzen anstelle des Axioms (3) den Satz „Wenn irgend jemand eine Hexe ist, ist er Geist.“ als Axiom (3′). Jetzt kann die

Funktion und Reichweite des Argumentes leicht dargestellt werden. Dazu malen wir uns die argumentative Vorgehensweise eines Hexenverfolgers aus. Mit der Bonhommie eines Henkers wird er sich enttäuscht geben, dass wir die gerichtsnotorisch festgestellte Existenz von Hexen angreifen. Seine Rede hätte etwa so aussehen können: „Obwohl du die Angemessenheit und damit die Rechtfertigung unseres Tuns durch Leugnung der Tatsachen in Frage stellst, anerkenne ich das moralische Recht der seelischen Beunruhigung, der dein Zweifel entspringt. Dich quält der Gedanke, was Hexen sind, und ‚ob es sie überhaupt gibt oder ob sie nicht Produkte bloßer Einbildung sind. Um dir zu helfen, dich mit den Tatsachen abzufinden, gebe ich dir eine Wesensbestimmung der Hexen, die zeigt das ihre Existenz möglich ist. Ich sage also, wenn irgend jemand eine Hexe ist, ist er Geist. Nun, ich bemerke, du bist noch nicht überzeugt. Wie - du leugnest sogar weiterhin? Deine Widerspenstigkeit kann ich noch entschuldigen, aber für deine Behauptung musst du einen Rechtfertigungsgrund angeben. Nachdem ich dir die Wesensbestimmung geliefert habe, kannst du deine Behauptung, es gebe keine Hexen, nur mehr durch die Schlussfigur des modus tollens beweisen. Unter Voraussetzung nämlich des Satzes, wenn irgend jemand eine Hexe ist, ist er Geist, kannst du deine Aussage, es gibt unmöglich Hexen, nur rechtmäßig erklären, indem du leugnest, dass es Geister gibt. Jetzt gib aber langsam acht auf dich. Um die Existenz von Hexen zu leugnen, musst du die Existenz von Geistern bestreiten. Tust du jedoch dies, musst du auch Gott leugnen, da Gott ein Geist ist. Das Bestreiten der Existenz von Hexen führt also zwangsläufigerweise zum Leugnen Gottes."

Hier können wir die Suade des Hexenverfolgers enden lassen, denn die Funktion des Argumentes ist hinreichend klar geworden. Wir haben jetzt nämlich in aller Deutlichkeit gezeigt, dass es gar nicht um das Aufstellen von Existenzbehauptungen über Hexen geht sondern vielmehr um den Gebrauch einer willkürlichen, dem Belieben des Proponenten überlassenen Wesensfestlegung über Hexen in einem Folgerungszusammenhang. Hierbei sind die Axiome so etwas wie Abwehrformeln, um Chancen begründeter Gegnerschaft zu beseitigen. Tatsächlich stellt das Argument die seinerzeitigen Gegner der Hexenverfolgung mit klarer Logik vor die ausweglose Alternative, entweder die Praxis jenes Kollektivwahns zu dulden oder selber der Gottlosigkeit angeklagt und verurteilt zu werden. Um nicht der historischen Hoffnungslosigkeit zu verfallen, Beendigung von Gewalt und Schrecken verdanke sich nur zufälligerweise dem Überdruss und Ekel vor Blut und Grausamkeiten, und um nicht über jenem höllischen Zerrbild eines guten Gewissens moralisch zu verzweifeln, das dem Geschundenen hohnlachend Zustimmung abpresst, um ihm seine Qualen als verdienten Rechtsteil zuzuweisen, müssen wir zeigen, dass der vom Hexenverfolgungsargumentes ausgeübte logische Bann in Stellvertretung für alle Zwangsargumente dieser Art mithilfe vernünftiger Gegenrede zu brechen ist. Nun ist zwar das Hexenverfolgungsargument, wie wir zeigen konnten, folgerichtig aufgebaut, gleichzeitig aber vergötzt es den Begriff der Folgerichtigkeit. Seine Zwingkraft ruht nämlich auf einem trügerischen Umkehrschluss. Zwar werden mit der ganzen Sicherheit logischer Gesetze aus wahren Voraussetzungen wahre Schlüsse gezogen, aber das heißt nicht, dass eine gesetzmäßige Entwicklung von Aussagen aus Voraussetzungen, denen eine beliebige intensionale Begriffsordnung zugrunde liegt, schon die sinnfällige Wahrheit dieser Prämissen selbst erweise. Das Hexenverfolgungsargument fordert mit diesem, seinem Götzenbild einer argumentationstechnisch entkoppelten Vernunft für sich ein Interpretationsmonopol über Wirklichkeit und Wahrheit ein.

Jetzt, da wir den Zusammenhang erkannt haben, ist endlich die Zeit für unsere Gegenrede gekommen. Höflichkeit mit Höflichkeit vergeltend wenden wir uns mit folgenden Worten an unseren Hexenverfolger: „Bevor ich mich der Logik beuge, bitte ich dich um Geduld mit meinem langsamen Verstande, aber ich möchte ganz sicher sein, was du sagst richtig begriffen zu haben. Aus Voraussetzung deiner Axiome ergibt sich, dass derjenige, der Hexen leugne, notwendigerweise Gott leugne. Nun gebe ich dir auch den durch Transposition daraus entstehenden Satz zu, dass, wer an Gott glaube, an Hexen glaube. Daraus aber folgt nicht, dass derjenige, der an Hexen glaubt, auch schon an Gott glaubt. Da du erklärtermaßen an Hexen glaubst, muss ich jetzt also prüfen, ob du überhaupt den Glauben an Gott hast, den du gegen mich zu verteidigen vorgibst. Was ihr dem Geringsten tut, tut ihr mir; an diesem Wort unseres Herrn Jesus Christus messe ich deinen Glauben. Erkennen kann ich ihn daher unweigerlich an den Früchten, die er in deinen Handlungen bringt. Du aber rechtfertigst die Qualen der Verfolgten, erniedrigst die Freiheit des Menschen und vergewaltigst sein Gewissen. Damit verstößt du gegen den integralen Gehalt göttlicher Offenbarung. Du irrst infolgedessen, wenn du meinst durch Hexenverfolgung gottgefällig zu handeln. Du hast zudem keine Entschuldigung für deinen Irrtum, da du bei deiner Bildung das, was ich erkannt habe, auch hättest erkennen können."

Was lehrt uns nun die ausführliche Erwiderung? Rekapitulieren wir unser Vorgehen. Ein direkter Angriff gegen den Schluss des Hexenverfolgungsargumentes durch Verneinung hatte sich als aussichtslos herausgestellt, der direkte Angriff gegen seine Axiome als sinnlos, da es sofort die Diskussion beendet hätte. Indem wir die Axiome übernahmen, konnten wir daraus einen vom Hexenverfolger akzeptierten Schlusssatz formulieren. Diesem Satz stellten wir einen ihm widersprechenden, aber als wahr anerkannten Satz gegenüber. Aus dem Konflikt zwischen seiner schmeichelhaften Selbstwahrnehmung, mit Begründung der Hexenverfolgung etwas Verdienstvolles getan zu haben, und seinem von ihm dezidiert bekannten Glauben gibt es für den Hexenverfolger nur mehr einen Ausweg. Er muss das Ensemble seiner Axiome aufgeben, da sie doch der Grund des Konfliktes sind. Allerdings greift unsere Gegenrede nur, wenn wir uns auf das Minimalgebot vernünftiger Praxis „Handel gemäß deinen Überzeugungen und verwirf, was ihnen widerspricht!" verlassen dürfen. Diskussionsgegner sollten folglich ihre Handlungsgründe erwägen, Handlungsverläufe auseinanderlegen und auf Nachfrage Handlungsentscheidungen erklären können. Trotz Dissens können sich Gegner dann wirksam auf eine normative Rechtfertigungsinstanz berufen können, wenn sie sich vorgängig dem Wahrheitsanspruch, der der Gewinnung einer Überzeugungen innewohnt, unterstellen.[53] Das bedeutet aber, dass der Wahrheitsanspruch selbst nicht mehr diskursiv begründet sondern im Sprechen und Handeln bezeugt wird. Daher deutet der Gebrauch der Vernunft auf Wahrheit hin, welche Wahrheit nicht ihrerseits selbst wieder argumentationstechnisch durch das Instrumentarium der Vernunft hergestellt oder erzeugt werden kann. Während derjenige, der ausschließlich in der beschränkten Sphäre seiner Wünsche, Begierden und Vorstellungen lebt, sein Handeln nur am zwecktaktischen Erfolg ausrichtet, verlangt der Erwerb von Überzeugungen, durch den wir uns unserer Vernünftigkeit selbst vergewissern, sich auf eine distanziert selbstkritische Überprüfung mittels diskursiver Rückkopplung der Handlungsmotive auf die Handlungsgründe einzulassen. Diese Praxis des Argumentierens und Disputierens verweist somit auf einen nicht relativistischen Wahrheitsanspruch, indem sie ganz bestimmte Haltungen und Einstellungen bekundet, die in der Anerkenntnis der Würde des Menschen zusammenlaufen.

[53] Hier wäre der systematische Ort einer Begründung der Toleranzforderung. Toleranz in diesem Sinne ist eine auf die Anerkennung von Personalität bezogene Umgangsweise, die den pragmatischen Aspekt der Kommunikation und den kommunizierten Inhalt entzerrt. Erst indem sie die Meinungsäußerung des Anderen der Bekundung seines Gewissens und seinem Wahrheitsverlangen zuschreibt und auf diese Weise aufgreift, gibt sie die geäußerte Meinung für eine sachbezogene Kritik frei. Wegen dieser Entschränkung der kommunikativen Aspekte ist Toleranz daher nicht Zweck sondern bloßes Mittel vernünftiger Praxis.

MIX
Papier aus verantwortungsvollen Quellen
Paper from responsible sources
FSC® C105338

Printed by Books on Demand GmbH, Norderstedt / Germany